punctum 029

Sabine Riedel
Reise durch
ein verstörtes Land

Matthes & Seitz Berlin

Aufbruch

Schon im Juni hatte ich das Gefühl, dass das nicht gut gehen würde. Dabei hatte ich mich doch am Duft des Flieders erfreut, dem göttlichen Weiß seiner Blüten, und jetzt spross schon cremefarben der Weißdorn, von zartem Rosé marmoriert, und bald würden die Knospen des Jasmins aufbrechen, und der Jasmin wäre über und über bedeckt von diesem reinen, duftenden Weiß. Es würde aussehen, als hätte es überraschend geschneit.

Aber mir gingen die Kriegsbilder nicht aus dem Sinn, die Ruinen, die verbrannten Alleebäume, die vom vielen Weinen verzerrten Gesichter der Kinder und Frauen, die streunenden Hunde.

Mir gingen die Bilder der toten Fische in der Oder nicht aus dem Sinn, ihre aufgerissenen Mäuler, ihre goldglänzenden, übergroßen Augen, als könnten sie selbst im Tod nicht aufhören zu staunen über das, was ihnen geschehen war.

Was war geschehen?

Der Präsident eines Landes, das ich sehr mochte, hatte einen verbrecherischen Krieg begonnen. Unbekannte hatten Gift in die Oder geleitet. Jeden Tag hörte ich in den Nachrichten die Ökonomen vor Inflation und Rezession warnen. Eine Energiekrise hatte dieses Land sowieso schon.

Seit April hatte es in Norddeutschland nicht mehr geregnet – wo ich lebte, seitdem ich Städte wie München, die nach ihrer Komplettgentrifizierung unter einer glänzenden Lackschicht wie erstarrt daliegen, nicht mehr ertrug. Ich mochte nicht mehr im Wald spazieren gehen, denn überall sah ich tote Fichten und Buchen, deren Kronen so licht wie zerrupft aussahen. In zwei Jahren wird es den Frankfurter Stadtwald nicht mehr geben, sagte eine Stimme, zu meinem Erstaunen sehr sachlich, in einer Fernsehdokumentation mit dem Titel: *Die große Dürre*. Sie lief im Hauptabendprogramm.

Im Juli hatte es noch immer nicht geregnet, in meinem Garten rollten die Stauden und die Büsche ihre Blätter zusammen wie Raucher ihre Zigarettenpapierchen. Ich wusste, es war ihre letzte Strategie zu überleben. Äpfel und Zwetschgen fielen klein und vor ihrer Zeit zu Boden. Die Bauern in den Nachbardörfern pflügten ihre Karotten unter, denn die Trockenheit hatte sie verkümmern lassen. Der Garten sah aus, als hätte ich drei Monate im Koma zugebracht und wäre nun plötzlich im Oktober wieder aufgewacht.

Im August sagte ich, vorsichtig den Sommer bilanzierend: Das ist der Sommer der Apokalypse.

Der Mann, mit dem ich lebe und der sehr viel Geduld mit mir hat, sagte: Sei nicht immer so negativ.

Und ich sagte: Ich bin nicht negativ. Ich bin nur realistisch.

Wenn wir mit dem Auto übers Land fuhren und mein Blick wieder einmal den von Trockenheit und Käferfraß verwüsteten Wald erfasste, sagte ich in meinem Klageton: Schau doch mal, die toten Fichten.

Und mein Freund, dem ich das Fahren überließ, stöhnte und sagte: Sag doch nicht immer: Schau mal, die toten Fichten.

Denn dass die Fichten sterben, ist das eine. Aber darüber ständig zu sprechen, ist, als würde man mit dem Sprechen die Zahl der toten Fichten verdoppeln.

Ich konnte die Stimme der Radiomoderatoren nicht mehr ertragen. Am schlimmsten waren die Morgensendungen, wenn sie sprachen, als hätten sie schon zum Frühstück einen Joint geraucht. Diese Fröhlichkeit, sie war übertrieben und unangebracht, es war eine Fröhlichkeit, die mir fast pathologisch erschien.

Shut up, sagte ich jeden Morgen müde zu der Stimme des unbekannten Moderators und machte das Radio aus. Denn ich war schon morgens müde.

Ich war so mutlos, verwirrt und traurig geworden in diesem Sommer. Ich schrieb meiner Freundin in München: Dieser Sommer ist grundiert von Traurigkeit.

So ist es, schrieb sie zurück. Sie schrieb mir von

ihren Arztbesuchen. Seit Sommerbeginn eilte sie von Arzt zu Arzt, weil sie in einem schrecklichen Schwindel gefangen war.

Ich dachte: Es waren in meinem Leben nicht die Männer, die mir das Herz gebrochen haben – auch wenn zwei von ihnen nahe dran waren. Es ist der Anblick der toten Fische, der sterbenden Wälder, eines vor der Trockenheit in die Knie gehenden Waldes, der mir das Herz bricht, jetzt. Es ist das Bild einer skelettierten Fichte, die verloren in der Landschaft steht und nicht begreift, was mit ihr geschehen ist. Das sind die Dinge, die mir das Herz brechen. Bis heute. Was kein Mann geschafft hatte, schaffte eine tote Fichte.

Iss ein bisschen Obst, sagte meine Mutter, wahrscheinlich fehlt dir nur ein bisschen Vitamin C.

Und sie schob die Schüssel mit den selbst gepflückten Brombeeren über den Tisch näher zu mir.

Lass den Kopf nicht hängen, sagte sie.

In deinem Alter.

Ich weiß, sagte ich, in meinem Alter bist du nach Australien geflogen. Aber wie kann man heute noch nach Australien fliegen? Wie soll man das mit seinem Gewissen vereinbaren?

Und überhaupt, das UV-Licht, war es nicht längst viel zu aggressiv? Erblindeten nicht schon die Schafe in Australien?

Ich lebte in diesem Sommer eine Emily Dickinson'sche Existenz, verließ meinen Garten nicht mehr, der groß ist und umgeben von einer hohen Mauer aus riesigen Steinquadern. (Obernkirchener Sandstein, aus dem im Übrigen auch der Sockel der Freiheitsstatue im New Yorker Hafen gebaut ist. Aber das nur nebenbei.) Ich war ganz zufrieden, ich wollte wie die Dichterin nachts in langen weißen Gewändern durch meinen Garten gehen, zu den Bäumen sprechen, den Blumen, ihren geschlossenen Blütenkelchen, zu den Vögeln und den nachtaktiven Tieren besonders. Ich wollte nicht mehr teilhaben an den Diskussionen, die jenseits meiner Garten-Welt geführt wurden: über gendergerechtes Sprechen, über die Energiekrise und das große Frieren im Winter, der kommen würde, über Waffenlieferungen an ein fernes Land, das dann doch nicht so fern war.

Ich konnte die Politiker nicht mehr ertragen, ihren Jargon, ihre Ganovengesichter in den Abendnachrichten. Nur das Gesicht von Robert Habeck mochte ich, weil er einmal Hölderlin vor laufender Kamera zitierte: Wo Gefahr ist, wächst das Rettende auch. Seine sonst so müden Augen leuchteten dabei.

Manchmal schaffte ich es, meine Dickinson-Welt zu verlassen, und ich suchte eine naturheilkundlich orientierte Ärztin auf. Ich saß ihr gegenüber und sagte: Kommen Sie mir nicht mit einer Depression. Ich bin einfach nur mental und seelisch vollkommen erschöpft. Ich bin vollkommen am Ende.

Als ich dann mit einem Vitamin-B-Komplexmittel die Praxis verließ, sagte ich zu mir, während ich durch die sonnendurchglühten Straßen nach Hause ging: *And my doctor says I'll be alright, but I'm feelin' blue.* Das war ein Zitat von Tom Waits. Er war einer von denen, von denen ich mich immer verstanden fühle.

Vor vielen Jahren hatte ich einmal eine Messe besucht, die sämtliche Dienstleistungen in Sachen Spiritualität anbot. Während ich von Messestand zu Messestand schlenderte, sprach mich eine Frau an und bot mir an, meine Aura zu fotografieren. Ich war einverstanden, weil ich neugierig war, und sie machte mit ihrer Polaroidkamera ein Foto von meinem Kopf. Als sie das Foto in der Hand schwenkte und die Farben sich langsam entwickelten, legte die Frau ihre Stirn in tiefe Falten. Sie sollten etwas für Ihre Aura tun, sagte sie und gab mir das Foto. Über meinem Kopf waren Schichten von einem tiefen Blau-Lila. Es sah aus, als schwebte eine alles zerstörende Gewitterwolke über meinem Kopf.

Ich habe dieses Foto mit einem Magnet an meiner Kühlschranktür fixiert. So sah ich mich inmitten eines Gewitters gefangen, viele Jahre. Wenn ich Besuch bekam, sagte ich: Keine Sorge. Das ist nur ein ironisches Zitat meiner Vergangenheit. Es geht mir schon viel besser.

Eines Tages aber hatte ich keinen Sinn mehr darin gesehen, täglich meine vergiftete Aura anzusehen, und das Bild zerrissen. Daran musste ich in diesem Sommer denken, und dass über diesem Land eine monströse Gewitterwolke schwebte.

Ich dachte: Es ist Zeit. Es ist Zeit, dass es Zeit ist. Schon wieder dachte ich in Zitaten, denn die Zeile war von Paul Celan, den ich sehr mag, auch wenn ich nicht sicher bin, ob ich seine Gedichte wirklich verstehe. Ich war oft in Paris gewesen, und in den letzten Jahren ertappte ich mich dabei, dass ich bei meinem Schlendern durch die Straßen immer häufiger an all die Unglücklichen dachte, die in dieser Stadt gelebt hatten: an die *Inconnue de la Seine*, an den lebensversehrten Celan und die liebesversehrte Ingeborg Bachmann. Einmal war ich zur Pont Mirabeau gegangen, von der sich in einer Aprilnacht 1970 Celan in die Seine gestürzt hatte. Ich hatte mich über das Geländer gebeugt, in das graue Wasser der Seine gesehen und gedacht, wenn das so weitergeht mit den trockenen Sommern, müssen sich die Unglücklichen eine andere Todesart überlegen.

Es war Zeit. Die deutsche Regierung musste sich in diesem Sommer Ähnliches gedacht haben. Es war Zeit, den von all den Negativnachrichten ermatteten Bürgern ein Geschenk zu machen. Das Geschenk hieß Neun-Euro-Ticket, und drei Monate lang sollten die

Menschen in Deutschland fast umsonst mit Regionalzüge in gedrosseltem Tempo kreuz und quer durch ihr Land fahren können.

Ich dachte, das ist ein Zeichen. Und ich glaubte an Zeichen, nicht diese Schwarze-Katze-von-links-Zeichen, sondern transzendentale Zeichen, Zeichen von einer höheren Instanz, an deren Existenz und Weisheit ich um so mehr zu glauben begann, je mehr mir die Gewissheiten abhanden kamen.

Wochenlang hatte ich im Liegestuhl in meinem Garten gelegen, die Kronen der alten Bäume schlossen sich über mir, die Blätter leuchteten kupferrot in der Mittagssonne, die Stämme waren von einem dunklen Tannengrün, und am Boden zerfloss der Schatten lapislazuliblau. Mein Garten kam mir vor wie ein Landschaftsgemälde von Gabriele Münter. Aber vielleicht lag es auch nur daran, dass es viel zu heiß war. Ich lag ermattet vom Gewicht dieser Farben, ihrer Expressivität, die die Sinne beschwerte, von der Hitze.

Ich dachte: Ist die Sonne nicht mehr unser Freund? Oder musste ich sagen: unsere Freundin? Oder war die Sonne non-binär? Ich dachte, was haben wir für Diskussionen geführt in diesem Sommer, in dem es nicht mehr regnet. Was war nur los mit diesem Land?

Ich dachte: Es ist Zeit, dass du hinausgehst aus deinem stillen Haus. Hinaus aus diesem tiefblauen Schatten.

Weil ich dieses Land nicht mehr verstand. Und es an der Zeit war, es wieder kennenzulernen.

Ich stellte mir vor: Ich würde aus meinem Haus, das etwas abseits vom Zentrum liegt, frühmorgens zum Bahnhof gehen, still wäre es, und die Stille hätte etwas Stoffliches, wie Schnee zu meinen Füßen. So würde ich an einem frühen Morgen aus meinem Haus treten und durch die schneeige Stille gehen. So könnte es beginnen, dachte ich. Am Ende einer dunklen Nacht würde ich aus meinem stillen Haus gehen. Das war ein abgewandeltes Handke-Zitat, ich hatte in diesen Wochen sehr viel Handke gelesen. Und immer mehr in Zitaten gedacht, weil ich für eigene Gedanken kaum noch die Kraft fand.

Und so wässerte ich noch einmal meinen Garten, sprach zu meinen Pflanzen und sagte: Macht euch keine Sorgen. Ich komme ja wieder. Ich trat aus meinem stillen Haus und ging durch den frühen Morgen zum Bahnhof, Stille wie Schnee zu meinen Füßen.

Ich nahm den ersten Zug, der kam. In meiner kleinen Stadt fährt einmal stündlich ein Zug Richtung Osten und einer Richtung Westen. Dieser fuhr Richtung Westen, also fuhr ich westwärts. Weil es letztlich gleichgültig war, in welche Richtung ich fuhr. Ich war planlos, das passte zu diesem Sommer, in dem mir auch das politische Personal dieses Landes planlos erschien. Die Planlosigkeit unseres Kanzlers steigerte sich in diesem Sommer bis zur Sprachlosigkeit, und in ihren Kommentaren forderten Journalisten, die alles besser machen würden, hätten sie die Macht, den Kanzler täglich auf, endlich von seiner Richtlinienkompetenz Gebrauch zu machen.

Von mir erwartete niemand etwas. Ich würde mich treiben lassen, irgendwo aussteigen, warten, einen Anschlusszug nehmen, schließlich irgendwo bleiben, nicht länger als einen Tag oder zwei an einem Ort verbringen, an dem ich nie zuvor gewesen war und den ich wieder verlassen würde in der Gewissheit, nicht wiederzukommen. Ich wollte Menschen begegnen, sie nach Antworten fragen, ich wollte wissen, wie sie die Dinge sahen. Und ob sie auch, wie ich, nachts oft wach lagen, weil die Zukunft plötzlich nicht mehr wie ein Versprechen, sondern wie eine Drohung schien.

Plettenberg, Nordrhein-Westfalen

Zwischen den Autos, die vor dem Bahnsteig parkten, an dem ich auf den Zug Richtung Westen wartete, stand, sozusagen im Halb-Diskreten, ein nicht mehr ganz junges Paar, das sich aneinanderklammerte wie Leonardo DiCaprio und Kate Winslet an Deck der Titanic kurz vor ihrem Untergang. Der Zug verspätete sich, weil sich in diesem Land seit Jahren die Züge verspäten, das liegt für mich an einer verfehlten Verkehrspolitik, am Missmanagement eines Managers, der viele Tausend Streckenkilometer stilllegen ließ, um das Unternehmen für die Börse fit zu machen. So buchstabierte man in diesem Land in den 1990er-Jahren Fortschritt, schimpfte ich leise vor mich hin. Ich sah aus den Augenwinkeln das Paar, das sich noch immer umklammert hielt. Dass eine Umarmung auch nicht auf Dauer angelegt ist, dachte ich, ihre Arme mussten doch langsam schwer werden, und heimlich ersehnte wahrscheinlich jeder der beiden diesen bittersüßen Moment des Abschieds. Danach konnte man weinen, und nach dem Weinen konnte man genesen. Ich kannte das.

Aber da kam der Zug, und schon bald waren wir in Rinteln, einer kleinen unaufgeregten Fachwerkstadt im südlichen Niedersachsen. Es geht voran, dachte ich. Kurz hinter Rinteln hielt der Zug auf freier Strecke.

Züge in diesem Land halten oft auf freier Strecke, weil besagter Bahnmanager einmal den kühnen Plan hatte, viele Tausend Kilometer Strecke stillzulegen, weshalb viele Ortsverbindungen nur eingleisig befahren werden und ein Zug den Zug aus der Gegenrichtung passieren lassen muss.

Pass auf, sagte der junge Mann, der neben mir saß, in sein Handy. Ich stehe hier kurz hinter Rinteln und ich weiß nicht, wann es weitergeht. Ansonsten blieben wir alle – für uns Deutsche mit dieser kollektiven Ich-fordere-hier-und-jetzt-meine-Rechte-als-Passagier-ein-Mentalität – erstaunlich gelassen.

Ich sah aus dem Fenster und auf das ausgebleichte Gelb der abgeernteten Weizenfelder. Alle anderen schienen auf das Display ihres Smartphones konzentriert. Was die Baldriantropfen für die Alten waren, sind die Videospiele für die Generation von heute, dachte ich. Und dann kam der Gegenzug, und weiter ging es.

Ich fuhr immer weiter nach Westen, dann ließ ich die Route Richtung Süden abknicken, ich verpasste Anschlusszüge, aber ich wollte mich nicht mehr über Verspätungen und Halts auf freier Strecke aufregen. Angesichts der dramatischen Nachrichtenlage in diesem Sommer erschien mir die Dramatik eines verpassten Anschlusszugs eine Quantité négligeable. Irgendwann war ich in Hamm/Westfalen, und es regnete genau drei Minuten lang. Irgendwann wartete ich auf Bahnsteig 6 des Bochumer Bahnhofs auf den nächsten Anschlusszug Richtung Siegen, den ersten hatte ich verpasst. Irgendwann setzte ich mich auf eine Bank und holte mein Käsebrot aus meinem Rucksack. Schon immer hatte dieses Käsebrotessen etwas Tröstliches, weil meine Mutter und später der Mann an meiner Seite das Käsebrot für mich und meine Reise zubereitet hatte. Ich aß und schmeckte die Aromen der Fürsorge und war gleich nicht mehr so herzzerreißend allein.

Die Sitzbezüge im Regionalzug sahen aus, als hätte Jackson Pollock sie designt: ein Chaos aus roten, grauen und schwarzen Flecken, wie hingeschleudert, Farbekstase. Jemand musste gedacht haben: Muntern wir das fahrende Volk etwas auf. Farbe ist Fröhlichkeit.

Mich besänftigt das Monochrome.

Die Häuser in den Dörfern und kleinen Städten Richtung Siegen waren mit Schieferschindeln verkleidet. Sie waren klein und hatten etwas Duckmäuserisches.

Jetzt kam ein Pfandflaschensammler, auf den ich schon gewartet hatte. Klappte den Metalldeckel des unter dem Fenstertisch fixierten Abfallbehälters auf, sprach ein paar Worte des Ärgers in den dunklen Schlund des Behälters. Er nestelte an seiner OP-Maske, die nur den Mund bedeckte.

Draußen jubelte noch immer der Sommer, ich staunte, dass viele Bäume nach wie vor grün waren, und vom Ufer eines Flusses mit niedrigem Wasserstand stieg ein langbeiniger Vogel auf. In Siegen stieg schließlich einer der Männer mit dieser Mir-machste-nichts-vor-Miene aus, und ich fragte mich kurz, was für ein Leben dieser Mann in Siegen führte. Ein kleines Mädchen schneuzte sich jetzt lustvoll in das ausgefaltete Taschentuch, und zwischen ihren kleinen Zähnen klackerten die harten Bonbons wie Murmeln.

Was macht der Mensch in Siegen? Im Schotterbett der Gleise verblühten die wilden Buddleias, vor jeder Bank auf dem Bahnsteig riesige getrocknete Lachen aus klebrigen Softdrinks, verschüttetem Bier und Cola. Ich hatte jetzt schon einige Stunden in Zügen und auf Bahnsteigen gesessen, und überall um mich herum schienen mir die Frauen und Männer eines gewissen Alters diese Mir-machste-nichts-mehr-vor-Miene zu tragen. Als wären sie bis auf die Knochen desillusioniert und würden nichts Gutes mehr vom Leben erwarten. Fröhlich erschienen mir allein die Kinder, sie knisterten mit ihren Bonbontüten und saugten so lange am Strohhalm die chemischen, gefärbten Säfte aus ihren Tetra-Pack-Tüten, bis der ersehnte Schnorchelton wie der Ruf eines urzeitlichen Tieres vom Tütengrund vernehmbar war. Die jungen Mütter trugen Tücher, die mit feinen Nadeln eng um ihren Kopf gesteckt waren. Ihre Gesichter wirkten wie gerahmt. Die Frauen schienen mir erwartungslos zum Fenster hinauszusehen. Aber in meiner Stimmung konnte ich mir das auch leicht einbilden.

Dann hielt der Zug in Plettenberg. Hier stieg ich aus, weil es egal war, wo ich ausstieg, und weil ich dachte, ich werde nie wieder in meinem Leben in einem Zug sitzen, der in Plettenberg hält. Plettenberg, verriet mir Google, liegt im Märkischen Kreis, im Westen des Sauerlands. Bewaldete Hügel, tiefe, enge Täler, in denen sich kleine Häuser drängen, das Sehen war hier fast schmerzhaft, jeder Blick aus einem Fenster stieß hier an schroff aufragende Felswände. Zwei Geschäftsstraßen bildeten das Zentrum, in der Mitte lag der Marktplatz mit einer nach allen Seiten offenen Markthalle. Riesige Kugelleuchten zitierten Art déco und warfen an Markttagen wohl ihr weißes Licht auf Obst und Gemüse und die silbrigen Schuppen der Fische.

Heute war kein Markttag und kaum jemand zu sehen.

Die Attraktion an diesem stillen Nachmittag war ein kleines Wasserspiel, sieben Fontänen pumpten mühsam einen dünnen Wasserstrahl nach oben und produzierten ein minimalistisches Klangspiel. Im Mehrfamilienhaus gleich nebenan saßen junge Männer in schwarzen Muscle-Shirts unter einem schwarzen Sonnenschirm auf dem Balkon. Offenbar mögen sie auch das Monochrome, dachte ich. Aus dem geöffneten Raum hinter ihnen wehte türkischer Pop, die Gesichter der jungen Männer waren zum Marktplatz ausgerichtet, regungslos, als gehorchten sie einem militärischen Appell – und schließlich war der Marktplatz in einer Kleinstadt wie Plettenberg der Ort, der am ehesten eine unerhörte Begebenheit erwarten ließ.

Ein Kind namens Jonas spielte gedankenverloren inmitten des Wasserspiels und verteilte mit einer Plastikschaufel Sand zwischen den dünnen Fontänen. Das Kind war begeistert und gab seiner Begeisterung mit kleinen Quieklauten Ausdruck. Die jungen Männer mit ihren justierten Köpfen schauten emotionslos zu, ein spielendes Kind hatte für sie einen geringen Attraktionswert.

In Plettenberg gab es ein Eiscafé, hier hatten sich drei Frauen jenseits des Renteneintrittsalters versammelt, um gemeinsam die Ereignislosigkeit des Nachmittags durchzustehen. Sie saßen vor ihrem Eisbecher, garniert mit einer riesigen Sahnehaube, sie trugen ein falsches Blond und diese Geh-mir-bloß-weg-mit-den-Männern-Miene. Es war erst später Nachmittag, aber der Sinn stand mir nach einem kühlen Pils.

Eine ältere Frau zeigte mir den Weg zum Italiener, die Pizzeria lag auf ihrem Weg. Die Frau war auf dem Weg zu ihrer Tochter, wie jeden Tag. Man muss sich doch nützlich machen, sagte sie und dass der Sauerländer ja eher ein verschlossener konservativer Mensch sei. Im Haus der Tochter, die berufstätig war, wollte sie die Enkelin hüten und mal richtig sauber machen. Die nicht mehr junge Frau trug ihre Haare in diesem Hennarot, das ich als junge Studentin getragen hatte, als wäre es eine in die Gegenwart gerettete letzte Reminiszenz an rebellische Tage. Die dicken Gläser ihrer Brille verrieten eine hohe Dioptrienzahl. So war ihr Blick scharf gestellt auf die Welt. Wir gingen nur etwa zehn Minuten gemeinsam, aber das reichte, um mit der Regierung einmal so richtig abzurechnen.

Unser Kanzler sagt ja gar nix, sagte sie mit schleppender Stimme.

Und der Finanzminister und seine Sause auf Sylt, drei Tage Hochzeit im teuersten Hotel, und das Volk weiß nicht, wie es im Winter die Strom- und Gasrechnung zahlen soll, na ja, dazu fehlen mir die Worte.

So deklinierte sie das Regierungskabinett durch, und ehe sie ihr vernichtendes Urteil über unsere Umweltministerin sprechen konnte, deren Namen ihr und in diesem Moment auch mir entfallen war, weil sie seit Amtsantritt nicht in Erscheinung getreten war, trennten sich unsere Wege.

Keiner sagt uns die Wahrheit, rief sie, als sie schon etwas entfernt war, in eine plötzliche Vierteldrehung ihres Körpers hinein.

Wie fast überall in Deutschland war auch beim Italiener in Plettenberg das Pils zu warm. Das kriegen sie in Deutschland nicht hin, sagte ich zu dem Mann am Nebentisch. Und dachte, dass das jetzt nicht unbedingt am Versagen unserer aktuellen Regierung lag. Der Mann am Nebentisch nickte. Er war Sauerländer von Geburt, Steinmetz von Beruf und aktuell in Feierabendlaune.

Der Sauerländer, sagte der Steinmetz, der sich als Herr Maslo vorstellte, ist ja eher verschlossen. Gucken Sie sich den Merz an, der ist Hochsauerländer, die sind noch schlimmer. Die Rezession oder auch nur die Sorge vor der Rezession hätten ihren Weg noch nicht in die Vier-Täler-Stadt Plettenberg gefunden. Die Leute kauften noch die teuren Grabsteine für ihre Lieben, und nicht die billigen Importsteine aus China. Der Tod dürfe hier noch etwas kosten.

Im Winter, sagte Herr Maslo, liege im Sauerland sogar noch Schnee, das sei selten geworden in diesem Land. Und die Holländer kämen in Scharen aus ihrem flachen Land und führen die sauerländischen Schneehügel hinunter.

Aus den geöffneten Fenstern der Pizzeria wehte das Intro zu *Bitter Sweet Symphony*, es war die Version von Coldplay, die ich so gut kannte, weil ich Schlagzeug spiele und dabei oft Songs von Coldplay Play-back laufen. *Bitter Sweet Symphony*. Für einen Augenblick war ich versöhnt mit meinem warmen Pils.

Bensheim, Hessen

Am nächsten Morgen wollte ich weg aus diesen viel zu engen Tälern und der sauerländischen Verschlossenheit. Richtung Bergstraße, ins Südhessische, wo, wie einst Kaiser Joseph II. gesagt haben soll, Deutschland anfängt, Italien zu werden. Das klang gut. Vielleicht lag es am Frühling, der dort so früh kommt wie nirgendwo sonst, am Wein, an den Mandeln und Esskastanien, die dort angebaut werden. Ich würde es ja sehen.

Im Regionalzug nach Gießen sahen die Sitzbezüge aus, als stünden sie in Flammen. Eine wilde Ekstase aus Rot, Gelb und Orange. Jemand musste sich etwas dabei gedacht haben. Zwei junge Männer tauschten sich coram publico lautstark über ihr Sexleben aus.

When I am drunk, sagte der eine, *I fuck the girl though I don't like her.*

That's okay, sagte der andere.

I am a normal guy. I like normal sex. Sometimes when I am drunk, it's a bit harder.

Try ecstasy, wechselte der eine daraufhin das Thema. *It will change your life. You are full of love.*

Vielleicht ist das die Lösung für alle globalen Probleme, dachte ich.

Nächster Halt: Sechshelden.

Das Gute am Unterwegssein war das Nicht-ankommen-Müssen. Ich stellte mir vor, wie anstrengend es sein müsste, in einem Ort zu leben, der Sechshelden heißt. Jedesmal, wenn man seine Adresse nannte, müsste man vermutlich erklären, warum der Heimatort hieß, wie er nun einmal hieß. Die Menschen lauern ja immer auf eine Geschichte, als wäre das ganze Leben eine Endlos-Sitcom.

Ein kleines Mädchen saß mir gegenüber. Ihre Mutter, die schlafend an der Schulter des kleinen Mädchens lehnte, war aus Vietnam, ihr Vater auch. Das Mädchen sprach Ukrainisch, ich sprach Russisch. Die Ukraine ist jetzt gefährlich, sagte das Mädchen. Die Mutter arbeite in einem Nagelstudio, der Vater bei IKEA in Wetzlar, der älteste Bruder sei in Kanada, der zweitälteste sei 15 und traue sich nicht aus dem Haus. Die Terra incognita Deutschland machte ihm Angst.

Mein Gott, dachte ich, wie die Weltgeschichte die Biografien durcheinanderwirbelt.

Ich verwechsle immer die Buchstaben, sagte das Mädchen. Und ihre Zunge arbeitete hart am tz von Wetzlar.

Wir fuhren durch Friedberg, an den alten Apfelbaumplantagen der Wetterau vorbei. Ich hatte einmal eine gewisse Zeit in Friedberg verbracht, und ich hatte keine Sehnsucht nach diesem Ort. Manche Orte sind wie eine Nebelwand. Man geht durch sie hindurch und empfindet nichts.

In Langen wollte ich die S-Bahn nach Darmstadt nehmen. Aber die Strecke nach Darmstadt, informierte eine Stimme über Lautsprecher, war wegen eines Notarzteinsatzes auf unbestimmte Zeit gesperrt. Notarzteinsatz. Wir alle wussten, was das bedeutet.

Am Service Store saß eine übergewichtige junge Frau und schleckte an ihrem Eis. Sie sah mich gelangweilt an und sagte, als ich mich nach einer alternativen Verbindung erkundigte: Ich kann dir auch keinen Flug buchen, *darling*.

Die Stunden vergingen, es war ein heißer Augustnachmittag, das Volk war ermattet, wie ein Kind, das sich vor lauter Wut in den Schlaf weint. Ein Bahnangestellter tauchte in seiner grauen Dienstuniform auf und kariolte mit seinem Dienstrollkoffer durch die Menschenmeute Richtung Feierabend.

Ja, so was kann dauern, sagte er mit der Wurschtigkeit von einem, der schon im Feierabendmodus außer Dienst war. Die müssen ja erst alle Teile zusammensuchen. Er erinnerte sich jetzt, dass einmal vier Stunden lang nach einem abgetrennten Arm gesucht worden war.

Die junge Japanerin neben mir trug ein knöchellanges, dunkelblaues, weiß gepunktetes Kleid, ihr Stroh-

rem Tisch vorbeischlenderten, kam man nicht umhin festzustellen, dass der Multikulturalismus auch in den verwinkelten Gassen von Bensheim dominierte.

Das ist in Ordnung, sagte Daniela. Ihr Metzger sei Türke, sie kaufe seit zwanzig Jahren bei ihm ein. Sie schätze die Qualität seiner Waren und dieses Dem-Menschen-Zugewandte in seiner Art. Im Sommer kämen Männer aus Polen und Rumänien und machten sich bei der Weinernte nützlich. Auch das sei in Ordnung. Manchmal, sagte Daniela dann, kommen diese Männer zum Metzger und können, weder des Deutschen noch des Türkischen mächtig, ihren Wünschen nur gestisch Ausdruck geben.

Die Kommunikation ist beschwerlich.

Unlängst betrat dann ein Schwarzafrikaner – den man wahrscheinlich nicht mehr so nennen darf, aber *entre nous* ... – jedenfalls stellte sich heraus, dass er in Russland studiert hatte und Russisch sprach. Und so konnte er den mit rudimentären Russischkenntnissen ausgestatteten Polen helfen und ihre Konsumwünsche an den türkischen Metzger weitergeben. Das ist, sagte Daniela, gelebte Diversität. Und erinnerte sich jetzt mit Grauen an diesen irgendwo links positionierten Dogmatismus, der mancherorts regierte. Zum Beispiel in Bremen, wo Daniela als Projektentwicklerin für Kindertagesstätten tatsächlich noch eine dritte, für Diverse reservierte Toilette einplanen sollte.

Nun ja, überflüssig zu sagen, dass das Projekt nicht zustande kam, sagte sie. Als ein an der Bergstraße sozialisierter Mensch war sie aufgeschlossen, aber das ging ihr dann doch zu weit.

In Duisburg hatte sie Ähnliches erlebt. Ein Elternverein mit dem Namen Kinderrechte e.V. wollte sie engagieren. Sie hatte gezögert, der Vereinsname erschien ihr überfrachtet und verhieß nichts Gutes. Die pädagogisch überambitionierten Eltern stellten sich den Alltag in der Kindertagesstätte so vor: Morgens versammeln sich die einjährigen Kinder im Morgenkreis und äußern ihre Wünsche, wie sie den Tag gestalten wollen. Einjährige! Morgenkreis! Tagesgestaltung!

Ich habe selber zwei Töchter erzogen, sagte Daniela. Verständnisvoll, liebevoll, aber es gab Momente, da war die elterliche Autorität gefordert. Na ja, schon wieder eine Kindertagesstätte, die nicht gebaut wurde, sagte sie.

Und wie sie das sagte, schwang eine gewisse Genugtuung in diesem abschließenden Satz.

Und weil sie gerade so schön in Fahrt war nach der dritten Weißweinschorle, redete sie jetzt über Ricarda Lang, Vorsitzende der Grünen, die, stark übergewichtig – was man in dieser kleinen Runde *entre nous* wohl noch sagen dürfe – nach ihrer Wahl zur Vorsitzenden verkündete, ganz oben auf ihrer Agenda stünde *body positivity*.

Also, sagte Lothar, da weiß ich doch jetzt wieder, warum ich die Grünen nicht mehr wähle. Als hätte dieses Land keine drängenderen Probleme.

Daniela war Ende 50, und vielleicht war unser Problem, wenn man es so nennen will, dass wir ideologisch nicht mehr richtig justiert waren, dachte ich und sagte es nicht laut, denn so gut kannten wir uns nicht, auch wenn wir nach den drei Stunden schon in diesem Kumpelton miteinander sprachen. Wir vier kamen mir vor wie Anhalter an einer Überlandstraße, an denen der Zeitgeist nach kurzem Zur-Seite-Sehen in seinem schnellen Auto vorbeisaust. Weil er mit einem Blick erkannt hatte, dass es sich nicht lohnte, für uns anzuhalten und uns mitzunehmen.

Ich fand es aber gar nicht so schlecht, da wo ich war, stehen gelassen an einer Überlandstraße.

Und schon kam ein frisch gezapftes Pils, und das Pils war schön kalt, wie es sein sollte.

Manchmal reicht der erste Schluck von einem frisch gezapften Pils, und das Leben ist gut. Auf einmal durchrieselte mich eine Wärme, so voller Einverständnis war ich mit meinem eigenen Leben.

Ich erwähnte den Menschen, der sich am Nachmittag auf der Strecke Langen-Darmstadt vor einen Zug geworfen hatte.

Die Strecke wäre sehr beliebt bei den Lebensüberdrüssigen, sagte Daniela. Weiß der Himmel, warum.

Am schlimmsten wäre es im November und Dezember, wenn sich Himmel und Seele verdüstern.

Und dann kam Zimmermann. Jeder in Bensheim kannte Zimmermann, erzählte Peter. Intelligenter Mann, studierter Mathematiker, der irgendwann, wie Peter es sagte, die Flurtür nicht mehr gefunden habe. Seitdem schlurfe er durch die Altstadt von Bensheim, bleibe von Zeit zu Zeit stehen und lese im Flüsterton eine Passage aus der Bibel. Die rechte Hand hielt dabei das Buch, die linke zitterte im Sechzehnteltakt.

Friesenheim, Baden-Württemberg

Ich verließ nur ungern einen Ort, wo ich einem Menschen begegnet war, der mir die Worte geschenkt hatte: Gott liebt dich. Aber ich wollte weiter Richtung Süden. Auf dem Bahnsteig ging unschlüssig ein junger Mann auf und ab. Er hatte sehr dunkles Haar, dunkle Augen, seine Haare waren zerzaust und seine Schuhe stumpf vor Staub. Er sah aus, als hätte er auch zu lange an einer Überlandstraße gestanden und gewartet, dass etwas, das man Glück nennen könnte, ihn mitnähme auf die Reise in die Zukunft. Er hielt ein Stück Karton vor das Gesicht der beiden alten Frauen, die auf einer Bank saßen: Bitte Geld für Essen. Die Frauen schüttelten andeutungsweise den Kopf.

Schon hielt der Zug Richtung Mannheim, und der Verteilungskampf begann. Eine alte Frau schob ihren Rollator durch den schmalen Flur, an stehenden Passagieren und ihren Rollkoffern und Rucksäcken vorbei, und verlangte energisch, dass der Klappsitz, auf dem ein kleines Mädchen saß, freigemacht würde.

Sehen Sie nicht, dass ich behindert bin?, schimpfte die alte Frau vage in Richtung der Frau, in der sie in der Menschenmeute die Mutter vermutete.

Eine Mutter mit Kleinkind und geräumigem Kinderwagen versus eine alte Frau mit Raum forderndem Rollator bei begrenzter Raumkapazität – das war eine Konstellation mit hoher Explosivkraft, wie ich sie auf dieser Reise noch häufiger beobachten würde. Es war der ins Bild gesetzte, ewig gültige Konflikt der Generationen, wenn es um die Verteilung von Gütern geht.

Wo sollen die Kinder denn hin? Sich in Luft auflösen?, wetterte die Mutter in dieser alarmistisch hohen Tonlage, die ich oft in meinem Garten bei Singvögeln beobachtet habe, die ihr Nest mit Jungvögeln gegen einen Angreifer verteidigen.

Ich beobachtete das alles als eine grundsätzlich zur Empathie neigende Persönlichkeit und konnte mich nicht entscheiden, wem in diesem Konflikt meine Sympathie galt. Grundsätzlich habe ich große Bewunderung für junge Mütter, die eine ganze lange Fahrt in einem durch die Landschaft zuckelnden Regionalzug stehend im Gang zubringen, zwischen die Beine den Koffer geklemmt, auf der linken ausgestellten Hüfte das zappelige Kleinkind balancierend. Das kleine Mädchen wusste noch nichts von Generationenkonflikten und krähte vor Freude.

In Mannheim wartete ich auf den Anschlusszug nach Karlsruhe. Die Deutsche Bahn, wie immer um die körperliche Unversehrtheit ihrer Passagiere besorgt, verkündete über Lautsprecher, dass der einfahrende

Zug bereits überfüllt war. Das war nicht nötig, denn das Volk war stur und drängte trotzdem in den überfüllten Zug. Im Zug war es so international, so multikulturell, und ich fühlte mich, als würde ich stehend einer Sitzung der UN-Vollversammlung beiwohnen: Männer und Frauen aus Pakistan, Bangladesch, Afrika – wobei mir eine nähere Bestimmung nicht möglich war –, Afghaninnen in langen Gewändern, ein Tuch lose um den Kopf geschlungen, eine Schar lärmender, lachender, weinender, um irgendetwas bettelnder Kinder.

Ein junger Mann, der das Privileg des Sitzenkönnens genoss, trug ein schwarzes T-Shirt mit einem stilisierten Erlenmeyerkolben. Darunter stand in weißen Lettern: *When I told a chemistry joke, there was no action.* Vierzig Minuten lang grübelte ich über die Pointe nach.

Dicht, sehr dicht vor mir stand ein junger Mann aus Syrien. Wir unterhielten uns, wobei die FFP2-Masken, die wir beide trugen, jedes Wort klingen ließen, als wäre es in Watte gepackt.

Deutschland ist jetzt meine zweite Heimat, sagte er und sah dabei nicht sehr glücklich aus.

Er sprach sehr gut Deutsch, er hatte gerade nach einem Jahr in Deutschland sein Sprachzertifikat B1 erworben. Ich machte ihm ein Kompliment und meinte es aufrichtig, nachdem ich einige Jahre als Dozentin für Deutsch als Fremdsprache gelehrt und in dieser Zeit verstanden hatte, wie schwierig die deutsche Sprache ist. Müsste ich Deutsch lernen, würde ich spätestens beim Perfekt verzweifeln.

Frau und Söhne des jungen Syrers warteten in Syrien auf die Ausreise nach Deutschland. Seit Monaten versuchte er die deutsche Bürokratie in seinem elaborierten B1-Deutsch zu überzeugen, ihnen ein gemeinsames Leben in dieser zweiten Heimat Deutschland zu ermöglichen. Es war harte Arbeit. Die deutsche Bürokratie hat manchmal ein kaltes Herz. Auch der junge Syrer verstand den *chemistry joke* nicht.

In Friesenheim stieg ich nur aus, weil ich mich wunderte, warum es in diesem Siedlungsgebiet der Alemannen einen Ort gab, dessen Namen ich eher im hohen Norden vermutet hätte. Später im Zug Richtung Bayern würde ich denken: Ich bin durch Friesenheim mal wieder wie durch eine Nebelwand gegangen.

Die Landschaft war hier ganz flach und kam ohne Extravaganzen aus. Weit hinten schimmerten die Ausläufer des Schwarzwalds, eher Grau als Grün, ein farblich zurückhaltendes Versprechen auf eine Landschaft, in die man geht wie Lenz ins Gebirg, dachte ich mit meinem Germanistik-Proseminarwissen – auf der Suche nach Erlösung.

Aber Friesenheim: Zwei Straßen, durch die Tag und Nacht der Durchgangsverkehr donnerte. Kein Mensch auf der Straße, kaum ein Geschäft, knurrende Hunde hinter Hoftoren. Mitten durch den Ort plätscherte leise ein Bach, als hielte er Selbstgespräche, weil hier sonst niemand war, mit dem er hätte reden können – über den Wasserverlust und wie es sich als Bach lebt in einem regulierten Flussbett, als läge er auf einer zu harten Matratze.

Auf der Bahnhofstraße wurde Kater Mamushi zum letzten Mal am 8. Juni 2022 gesehen. Seitdem war er verschwunden, und jemand vermisste ihn so sehr, dass er für Hinweise eine Belohnung von 20 Euro versprach, wie auf einem Plakat zu lesen war.

In einem kleinen Lokal feierte ein gewisser Anton, dass er jetzt 60 war, aus dem Lärm der Festtagsgesellschaft und den Erwachsenengesprächen flüchteten die Kinder und liefen in ihren Opa-Anton-wird-60-Kleidern und mit viel Geschrei auf der Straße herum. Jemand war auf die Idee gekommen, ein altes Bettlaken an der Hauswand zu fixieren, und mit bunten Filzstiften *Anton wird 60* auf das Laken zu schreiben. Neben dem Bettlaken hing ein einziger rosafarbener Luftballon, der wie eine riesige Träne aussah.

Ich ging durch Friesenheim und dachte: Wer bin ich? Woher komme ich? Und wohin gehe ich? Irgendwann auf dieser Reise wollte ich ein Pfarramt aufsuchen, ein Gespräch mit dem Pfarrer verlangen, weil diese Fragen immer dringlicher wurden in diesem

Sommer, und ich dachte, ein Theologe müsste die Antworten kennen.

An der Ecke, wo die Ortsdurchgangsstraße die Bundesstraße Richtung Freiburg kreuzte, gab es ein Hotel. Es war voller verrenteter Männer, die mit ihren Enkeln am nächsten Tag den nahegelegenen Freizeitpark Rust besuchen wollten, wie mir einer der Rentner strahlend im Treppenhaus, wo wir uns begegneten, verkündete. Mir sind Rentner in Freizeitparks immer verdächtig. Vielleicht habe ich auch nur Mitleid mit ihnen. Freizeitparks sind für mich Ersatzerlebniswelten für Männer, die desillusioniert und domestiziert von den Ansprüchen ihrer Frauen und Arbeitgeber aus ihrem reizarmen Alltag ausbrechen, um sich für einen Tag zu erinnern, wie es war, jung und wild wie ein James Dean zu sein und Gas zu geben. Aber vielleicht war ich auch zu hart, in diesem Sommer.

In Friesenheim begegnete ich auch Thomas. Und wenn ich heute an diese Stadt denke, dann denke ich an diesen Mann. Als ich gegen Mittag am Bahnhof Friesenheim angekommen war, war ich lange unschlüssig, schaute und fragte mich, ob ich nach links oder nach rechts gehen sollte. Nichts war zu sehen von der Stadt, und ich stand wie Sheriff Kane in der Kleinstadt Hadleyville in dieser High-noon-Verlassenheit ganz allein an einem Bahnhof, der weit abseits von der Stadt liegt. Dann hielt ein Auto. Ein Mann stieg aus, lehnte sich an die Fahrertür und fragte, ob er mich mitnehmen könnte. Das war Thomas.

Ich steige normalerweise nicht in das Auto von unbekannten Männern. Aber der Mann, der mich einlud, war kleiner als ich, und seine Körperspannung hatte diese Drahtigkeit, wie ein junger Terrier. Ich mag Terrier und ich mag Männer, die ihr dunkles, leicht welliges Haar mit einem Gummiband im Nacken binden. Wie sich später herausstellte, war er älter, als er wirkte, fast 50, aber er hatte sich dieses Jungenhafte bewahrt. Ich mag Männer, die auch im fortgeschrittenen Alter dieses Jungenhafte haben, das bei mir reflexhaft den Wunsch auslöst, ihnen meine Hand kurz in den Nacken zu legen. Also stieg ich ein.

Auf der Rückbank saßen zwei junge Mädchen oder sollte ich Frauen sagen, denn sie konnten 16 sein oder auch 22, und vielleicht war dieses Unbestimmbare das genetische Erbe ihres Vaters. Sie saßen sehr aufrecht und still und aus dieser sphinxhaften Reglosigkeit würden sich die beiden die ganze Fahrt über nicht lösen.

Thomas war Orgelbauer, das gefiel mir, und er lud mich in seine Werkstatt ein.

Er machte sofort Kaffee, und ich war plötzlich schüchtern wie ein siebzehnjähriges Schulmädchen, weil mich Männer mit dieser Terrierkonstitution immer verlegen machen, und wagte nicht zu sagen, dass mir von Kaffee immer schwindelig wird, weil ich kein Histamin vertrage. Ich dachte: Die Welt ist schon kompliziert genug, auch die Welt von Thomas, die, wie ich erfuhr, voller empfindsamer Frauen war. Da waren seine in ethischen Fragen hochempfindsamen Töchter, die schon lange von unreflektierten Allesessern zu einem Veganismus konvertiert waren, der nicht verhandelbar war. Seine zweite Ehefrau war Tänzerin, unterhielt ein Ballettstudio und bot im Sommer Tanzkurse für Kinder an. Tänzerinnen, dachte ich, sind vermutlich hochsensibel, und ich stellte mir vor, dass Thomas jeden Abend mit einer fragilen Tänzerin und dem moralischen Rigorismus seiner ethisch gereiften Töchter zu Tisch sitzt. Er kochte gern für die ganze Familie, und die Familie machte es ihm nicht leicht. Da konnte ich ihm nicht auch noch mit meiner Histaminunverträglichkeit kommen.

Ich wusch meine Hände im Waschbecken des WCs der Werkstatt, das Spuren männlicher Nachlässigkeit zeigte. Aber ich war endlich diesen Regionalzugduft los, besah mich im Spiegel, der mit all seinen Wasserflecken aussah, wie der Saloonspiegel nach dem Showdown auf der Dorfstraße, getroffen von zahlreichen Querschlägern. Sie waren jedoch nur die Querschläger männlicher Saloppheit, und ich mochte diese Werkstatt, diese Männerwelt, die Konzentration auf das Wesentliche, ihre Nachlässigkeit am richtigen Ort.

Ich trank meinen Kaffee und folgte Thomas mit meinem Schwindelkopf durch seine Werkstatt. Thomas arbeitete seit 30 Jahren als Orgelbauer, aber tatsächlich bauten die Männer hier kaum noch neue Orgeln. Sie waren vielmehr damit beschäftigt, die Pfeifen und Blasebälge bestehender Orgeln zu reinigen. Die Pfeifen konnten aus Holz sein oder aus einer Zinn-Blei-Legierung. Der Arbeitsaufwand war sehr unterschiedlich, eine Dorforgel kam mit zehn Registern aus, eine Domorgel konnte bis zu 120 Register haben. Zur Zeit bauten die Männer an einem neuen Podest für eine Orgel aus Baden-Baden, die aus dem Jahr 1870 stammte. Sie würden Fichten und Tannenholz verwenden, denn im Schwarzwald wachse viel Weißtanne, sagte Thomas und strich mit einer Hand über die gestapelten Holzbalken.

Ich mochte die Art, wie er das zugeschnittene Holz berührte. Er berührte die Balken aus Weißtanne, als wären sie mehr als Material, als wäre das Holz fast ein Freund. Als zeigte er Respekt für die Lebensleistung einer Tanne, die sechzig Jahre oder länger Sturm, Frost, Hitze ertragen hatte und mit ihrem Widerstandsgeist immer weiter im Wald aufrecht gewachsen war.

Wenn man in diesem Sommer vom Wald sprach, war es nicht weit zum Klimawandel. Er machte vor den Kirchen nicht Halt, er brachte die Orgeln zum Weinen. Statt *Jesus bleibet meine Freude* sangen die

Orgeln in diesem Land ihr Klagelied. Das überraschte mich nicht. Thomas sah das mechanischer. Das Holz schrumpfte, es gab Schwundrisse im Holz, schon wenn die Feuchtigkeit unter 55 Prozent sank, und in diesem Sommer lag sie manchmal bei unter 30 Prozent. Die Mechaniken verzogen sich, Register ließen sich manchmal nicht mehr einschalten, ein Heulen erfüllte den hohen Kirchenraum.

Ich empfand mit den Orgeln.

Ich sagte: Mir geht das Bild von den toten Fischen in der Oder nicht aus dem Kopf.

Ich wollte sagen: Eigentlich darf man auch keine Fische mehr essen. Ich hatte schon lange ein schlechtes Gewissen, wenn ich einen ganzen Fisch auf meinem Teller vor mir liegen sah. Ein filetierter Fisch machte es mir leichter, er ließ mich manchmal vergessen, was ich da aß. Aber ein Fisch in seiner unversehrten Ganzheit und mit seinen weißgekochten Augen erinnerte mich immer daran, dass dies einmal ein belebtes, beseeltes Wesen war.

Ich spürte die Histaminkaskaden in meinem Körper, ich sah etwas verschwommen, tastete nach den Weißtannenbalken, und ich dachte: Jetzt hält er dich wahrscheinlich für eine dieser neurasthenischen Wesen, die beim Anblick eines verendeten Tiers in Ohnmacht fallen. Also sagte ich nicht, dass man eigentlich auch keine Fische mehr essen dürfte.

Ich hatte vor meiner Reise auf der Suche nach Antworten in der arte-Mediathek einen mehrteiligen Dokumentarfilm gesehen: *Wen dürfen wir essen?* Der Titel hatte mich angesprochen, denn er suggerierte, dass ein Tier nicht ein Ding, sondern ein beseeltes Wesen war. Thomas hatte diese Filme auch gesehen, er war also ein Suchender wie ich. Noch etwas, was mir gefiel: dass er nach Antworten in einer Mediathek suchte und seine Freizeit nicht auf einem Dorfbolzplatz inmitten eines Männerrudels verbrachte, die alle demselben dreckigen Ball hinterherliefen und sich dabei aufführten, als wären sie Franck Ribéry. Er aß auch kein mit Goldstaub gepudertes Filet, er war im Grunde genommen Vegetarier – und damit moralisch trotzdem noch immer auf einer niederen Bewusstseinsstufe als seine Töchter –, aber manchmal esse er eben doch Fleisch. Und dann kaue er hart an seinem schlechten Gewissen.

Das Leben war kompliziert, und dieser Sommer führte uns vor Augen, dass es noch komplizierter werden könnte.

Das Ich steht dem Wandel im Weg, sagte Thomas plötzlich, ein wenig *out of the blue*, und er dachte dabei wohl an das Fleisch auf seinem Teller. Und ich dachte: Das ist ein schöner, wahrer Satz.

Thomas wählte seit 30 Jahren die Grünen, so wie ich, und er war weniger enttäuscht von ihnen. Er sah die Dinge realistisch, Politiker, die unter dem Gewicht geopolitischer Schreckensszenarien gelegentlich ihre Grundsätze verrieten. Thomas glaubte an die Realpolitik, die Politik der kleinen Schritte, wie er das nannte, an das Machbare. Er fuhr ein Elektroauto, und vor der Werkstatt lagerte ein riesiger Haufen Hackschnitzel – das Kronenmaterial gefällter Tannen –, mit denen die umliegenden Häuser beheizt wurden. Das waren für Thomas die kleinen Schritte gelebter Realpolitik.

Am nächsten Morgen regnete es, und ich fragte mich, wo die Menschen waren. Warum tanzten sie nicht auf der Straße vor Freude? Der indische Taxifahrer, der mich zum Bahnhof fuhr, war gut gelaunt, er hörte schon morgens um neun Uhr Rap und verriet mir, dass er bald mit seiner alemannischen Freundin in die USA auswandern würde. Der Rest seiner Familie war schon da.

Europa ist ein alter Kontinent, sagte er.

Keine Zukunft.

Ich widersprach ihm nicht.

Nach einer Stunde hörte es schon wieder auf zu regnen. Eine Stunde Regen von Zeit zu Zeit. Ist das Gottes Politik der kleinen Schritte?, fragte ich mich.

Ist Gott der Realpolitiker, der in Kategorien des Machbaren denkt?

Ich vermisste meinen Orgelbauer.

Pastetten, Bayern

Ich ließ Baden hinter mir, den alemannischen Dialekt, den Schwarzwald voller Weißtannen, die weinenden Orgeln. Ich fuhr nach Bayern, passierte München, stieg in Pastetten aus.

Pastetten liegt dort, wo das Isental beginnt, benannt nach dem Flüsschen Isen. Das Wasser floss einmal leicht und fröhlich in Dur-Tonlage durch diese Auenlandschaft, seltene Zugvögel rasteten hier auf ihrem Weg nach Süden oder Norden, es war eine Landschaft wie ein Gedicht von Eichendorff.

Aber dann setzte die bayerische Staatsregierung ihren Willen gegen den jahrzehntelangen Widerstand der Bauern durch und baute ein Autobahnteilstück quer durch das Tal. Ich dachte, jemand, der heute durch das Isental fährt und diese Trasse sieht, die über Brücken, die von hohen Stelzen getragen werden, durch diese hügelige Landschaft führt, würde wohl kaum an Eichendorff denken.

In Pastetten führte mich Franz durch seinen Kuhstall. Franz war einer der letzten Milchbauern im Ort. Er hatte vierzig Milchkühe, angebunden lagen die Tiere mit ihren schweren Leibern auf dem Stroh vor der Mistrinne. In zwei Jahren, sagte Franz, wäre die Anbindung der Tiere verboten, dann gäbe es nur noch offene Ställe mit freilaufenden Tieren. Ja mei, sagte Franz, wirklich artgerecht kann man kein Nutztier halten. Er trieb die Tiere auch nicht mehr im Sommer auf die Weide, seitdem zu viele Neubaugebiete den Weg zur Weide schwer zugänglich und die vielen Autos der Pendler, die zur Arbeit nach München fuhren, den Auftrieb gefährlich machten.

Am Morgen war Ferdinand geboren worden, das Kalb lag auf Stroh in seinem zu einer Seite offenen Kälberiglu und versuchte, mit seinen großen Augen die Welt zu verstehen. Mutter Moni lag ermattet im Kuhstall. Sie war zwölf Jahre alt. So alt werden Milchkühe selten. Waren die Kälber sechs Wochen alt, erzählte Franz, dann verkaufe er die männlichen Kälber, es sei denn, das Kalb sei besonders schön. Dann behalte er es, bis es zwei Jahre wäre. Und dann? Dann rolle der Wagen des Viehhändlers doch vom Hof Richtung Schlachthof.

Ich habe die Bauern nie verstanden. Sie geben ihren Kühen Namen, teures importiertes Kraftfutter, führen sie vielleicht noch immer im Sommer auf die Wiese – was man in Bayern poetisch Blumbesuch nennt –, klopfen ihnen anerkennend auf die Flanken, wenn sie ein schönes Kalb geboren haben und spendieren vielleicht sogar eine Kalziumspritze.

46

Aber dann nehmen sie ihnen das Kalb weg, kaum dass die Kuh das Fell des Neugeborenen trocken geleckt hat. Und wenn die Kuh nach ein paar Jahren nach all den Geburten verbraucht ist, kommt der Viehhändler und rollt mit dem Tier im Anhänger Richtung Schlachthof.

Ja mei, sagte Franz, wir leben halt davon.

Ich hatte einmal ein paar Tage auf einem Bauernhof im Isental verbracht, der Hof liegt heute direkt am Autobahnteilstück, gegen das die Bäuerin so viele Jahre gekämpft hatte. Ich mochte diese Frau, und weil ich sie mochte, vermied ich es, ihr die Frage zu stellen, wie sie das aushielt: die Rufe des Muttertiers nach dem Kalb, das klagend antwortete. Dieses Klageduett, ich hörte es Tag und Nacht. Und ich war froh, als ich nach einigen Tagen den Hof verlassen konnte.

Auf viele Menschen wirke ich sanftmütig, aber das bin ich nicht, ich bin eine Extremistin, eine durch die Gewalt der Bilder radikalisierte Verteidigerin von Wesen, die uns ausgeliefert sind. Ich denke, hätte ich das Kommando in diesem Land, würde ich jeden Fleischesser und jeden Menschen, der meint, als Erwachsener noch Kuhmilch trinken zu müssen, zwingen, durch einen Kuhstall zu gehen und sich das Elend der Nutztierhaltung anzusehen.

Mit solch subversiven Gedanken ging ich durch den Stall von Franz, der im Übrigen ein kleiner, sanftmütiger Mann von 62 Jahren war, der Erbe in einer langen Reihe von Erben, die diesen 250 Jahre alten Hof bewirtschafteten.

In zehn Jahren, sagte Franz düster in den mit Ammoniakaerosolen gefüllten Stall hinein, wird es hier keinen Bauern mehr geben, der Milchküche hält, und ich dachte: Gott sei Dank. Ich dachte an Franz' Tochter, die Anfang August geboren worden war und die an diesem Nachmittag an der Schulter ihrer jungen Mutter schlief. Ich dachte, dass dieses Kind, Franz' spätes erstes Kind, Franziska, von diesem Hof fliehen würde, sobald sie 16 oder 18 wäre.

Es war Sonntag, wir saßen am Küchentisch mit Oma und Omama, wobei Oma, die Mutter von Franz' junger Frau, vermutlich jünger war als ihr Schwiegersohn. Es gab Kaffee und von Oma oder Omama gebackene Rohrnudeln. Jesus am Kreuz leistete uns Gesellschaft.

Ich habe mich immer gefragt, wie man beim Anblick des Gekreuzigten, der Nägel an seinen Händen und Füßen, überhaupt einen Bissen zu sich nehmen kann. Jesus am Kreuz – man sieht ihn oft in den Küchen bayerischer Bauernhöfe, still und klaglos an der Wand über der Eckbank. Ich halte das weniger für einen Ausdruck tief empfundener Religiosität als einen Teil bayerischer Folklore, ein Behaupten des Eigenen gegenüber dem zudringlichen Fremden.

Sechzehn Schwalbenpaare flogen draußen durch das offene Stalltor. Franz hatte sie gezählt, und das rührte mich. Sie flogen ohne Pause ein und aus, im Tiefflug über die Köpfe der ruhenden, wiederkäuenden Tiere hinweg.

Glauchau, Sachsen

Natürlich war der Zug Richtung Hof mit Zugteil nach Prag überfüllt, und das war in diesem Sommer des Neun-Euro-Tickets ein schöner Euphemismus, dem ich täglich begegnete: überfüllt. Der Zug ist mindestens fünfzig, wenn nicht sechzig Jahre alt, sagte ein Mann mit Kennermiene. Ich dachte, das ist ein typischer Männersatz. Frauen kennen sich in solchen Dingen nicht aus, vielleicht ist es uns auch egal, vielleicht sind wir genügsamer und schon froh, wenn überhaupt ein Zug fährt.

Is this the train to Praha?, fragte eine Rucksacktouristin mit starkem russischem Akzent. Es gab in diesem Zug so viele junge Rucksacktouristen, die es offensichtlich nach Prag drängte, als wäre Prag für diese Generation der Ort, der für ihre Großeltern Goa gewesen war oder ein Ashram in Puna – ein Ort der Erlösung.

Es gab eine Zeit, da bin auch ich viel gereist. Ich dachte: Reisen verbindet. Und ich glaubte das auch. Reisen schafft Frieden, sagte ich jedes Mal, wenn ich den Koffer packte. Ich fühlte mich wie die Emissärin eines Friedenskomitees, und mir kamen fast die Tränen, so gerührt war ich von diesem Gedanken. Es gibt nicht mehr viel, an das ich heute glaube. Ich weiß nicht mehr, wie man Fortschritt definiert und ob es Fortschritt überhaupt noch geben kann. Und das mit dem Frieden ist sowieso vorbei.

Wir waren noch keine zwanzig Minuten gefahren, als das ältere Ehepaar, das mir gegenübersaß, aus einem großen Baumwollbeutel zwei mit Butter belegte Brezn kramte. Kaum sitzen sie im Zug, dachte ich, meldet sich bei den Menschen reflexhaft die Angst, sie könnten verhungern, als wären sie amerikanische Siedler, die mit ihrem Treck aus Missouri aufgebrochen waren, um hinter den Rocky Mountains ein besseres Leben zu finden.

Das Tuschkastenblau des Himmels und Butterbrezn, das sind, sagte ich mir, diese Gewissheiten, die man in Bayern findet und die einem Halt geben in dieser Zeit der Raserei, des ständigen Wandels, der es so eilig hat, dass er manchmal über die eigenen Füße stolpert. Der Zug passierte Freising. Bayern, dachte ich, liebt seine Traditionen. Das hatte ich an Bayern immer geschätzt. Die Bayern verrieten nicht leichtfertig ihre Traditionen an einen launischen Zeitgeist. Es gab Dinge, auf die man sich verlassen konnte.

Das ältere Ehepaar war mit seinem Neun-Euro-Ticket (und vermutlich einem Beutel voller Brezn) schon in Nürnberg gewesen. Das Schöne an Nürnberg, sagte der Ehemann, ist, es ist so praktisch. Man kommt aus dem Bahnhof, und schon ist man in der Fußgängerzone.

Ich dachte: Was für eine merkwürdige Definition von Schönheit.

Jetzt reisten sie nach Regensburg, wo sie noch nie gewesen waren.

Es war immer noch August, die Menschen um mich herum schienen so voller Pläne, die Stimmung war noch nicht gekippt in diese Wer-jetzt-kein-Haus-hat,-baut-sich-keines-mehr-Stimmung, die ich immer gegen Ende des Sommers empfand. Der Zug glitt durch die bayerische Landschaft, die hier ganz flach war, an den verbrannten Speeren der Maisfelder vorbei, den frisch gepflügten Äckern, der Boden hatte einen müden Sepiaton. Ich konnte mich aber auch täuschen. Der Blick nach draußen war verschwommen. Feuchtigkeit hatte sich gesammelt im Hohlraum zwischen den doppelt verglasten Fenstern. Sie wurden langsam blind. Aber der Zug war ja auch schon alt. Und wir dankbar, dass er überhaupt fuhr.

Deutschland hat einen Modernisierungsstau, sagte der Ehemann, und ich dachte: Noch so ein Männersatz.

Alte Züge mit blinden Scheiben, sagte er, aber Panzerhaubitzen bauen wir für die Ukrainer.

Niemand im Abteil wollte das kommentieren. Es war Sommer, *living is easy,* und die Menschen wollten leichtfüßig durch die Straßen fremder Städte laufen, auf der Suche nach dem Schönen-Wahren-Guten. Sie wollten nicht an den Winter denken, nicht an kalte Wohnungen und schon gar nicht an den Tod.

Die Sonne hinter der erblindenden Scheibe sah aus wie verlaufendes Eigelb.

Der Zug hielt in Landshut, und nicht einer der Wartenden durfte zusteigen. Der Zug ist überfüllt, warnte die Stimme über Lautsprecher, und da war er wieder, dieser schöne Euphemismus, auf den man sich in diesem Sommer verlassen konnte. Das reiselustige Volk blieb fassungslos zurück und blickte dem schon wieder anfahrenden Zug hinterher.

Ich dachte an unseren Kanzler. Er war mit einer Wirtschaftsdelegation nach Kanada gereist, die, wie ich in den Nachrichten sehen konnte, nur aus Männern bestand, die vermutlich Sätze sagten wie: Deutschland hat einen Modernisierungsstau. Ich sah den Kanzler bei einer gemeinsamen Pressekonferenz mit Kanadas Premier. Er warf sich in diese Best-Buddy-Pose, gab sich ungewöhnlich leger, als wäre er mit alten Kumpeln beim Kegelabend, lobte die guten Beziehungen zwischen Kanada und Deutschland und wünschte sich im Übrigen von dem großen Freund grünen Wasserstoff. Weil die größte Wirtschaftsnation Europas, und das waren wir, diese Technologie verschlafen hatte. Größte Wirtschaftsnation, da luer all up, hörte ich schon meine Mutter sagen, weil sie in

Momenten völliger Illusionslosigkeit in das Plattdeutsche verfällt. Und plötzlich hatte ich hier im tiefen Süden der Gewissheiten und Verlässlichkeiten Sehnsucht nach dem Norden.

Den Platz am erblindenden Fenster hatte jetzt ein Mann eingenommen, der seit München geschwiegen hatte. Er war etwa so alt wie ich. Als das ältere Ehepaar schließlich ausgestiegen war, begann er zu reden. Er war Palliativarzt in einem Münchner Krankenhaus und auf dem Weg nach Franken, wo er seine Schwiegermutter besuchen wollte. Auf einer Palliativstation gehe es natürlich dramatisch zu, sagte er, aber manchmal auch sehr fröhlich.

Das überrascht die Leute, wenn ich das sage, sagte er.

Mich überraschte es nicht. Ich hatte vor langer Zeit viele Wochen auf einer Palliativstation in einem Pariser Krankenhaus verbracht, wo der Mann, den ich damals liebte, an einem Bauchspeicheldrüsenkarzinom langsam starb. Wir hatten in diesen Wochen viel gesprochen, wir hatten geweint und wir hatten gelacht.

Man wird demütig, sagte der Mann am Fenster, wenn man täglich mit dem Tod konfrontiert ist.

Und ich dachte schon wieder an die sterbenden Wälder, die siechenden Fische, denen Algen die Kiemen verklebten und wollte schon fragen: Ist nicht ganz Deutschland eine Palliativstation? Aber der Mann war mir sympathisch, und ich wollte ihn nicht mit meinen defätistischen Gedanken belasten.

Er hatte zwei Söhne, sie waren längst erwachsen, aber sie engagierten sich noch immer bei den Pfadfindern. Die Pfadfinder, sagte der Palliativmediziner, sind wieder sehr attraktiv für junge Leute. Sie suchen beim Holzsammeln für das Lagerfeuer das Echte, Unverfälschte, die Nähe zur Natur. Sie suchen eine Gegenwelt zur digitalen Welt. Ich konnte das gut verstehen, ich hatte immer das Gefühl, wenn ich auf allen vieren durch mein Gemüsebeet kroch und Unkraut jätete, dem Unverfälschten sehr nahe zu kommen. Und ich mochte den Erdgeruch an meinen Händen und den Ozongeruch auf der Haut am Ende eines Tages.

Inzwischen hatten wir die Oberpfalz hinter uns gelassen und waren irgendwo in Franken, und wir stellten beim Blick aus dem Fenster fest, dass sich die fränkische Landschaft im Grad ihrer Verdorrtheit nicht von der Oberpfälzer Landschaft unterschied.

In Hof trennten wir uns, auch der Mediziner ein wenig wehmütig, wie mir schien, obwohl er doch im Abschiednehmen Übung haben musste. Ich nahm den Zug Richtung Chemnitz und stieg schließlich in einer Stadt in Sachsen aus, von der ich noch nie gehört hatte.

Der Bahnhof von Glauchau musste einmal etwas Majestätisches gehabt haben, als Menschen die Anbindung ihrer Stadt an das Schienennetz noch als Fortschritt feierten und die Ankommenden bei ihrem Gang durch die riesige Ankunftshalle das erhebende Gefühl haben mussten, an diesem Fortschritt teilzuhaben. Jetzt war niemand mehr in dieser Halle, es gab keine Schalter, wo man eine Fahrkarte hätte lösen können, das Glas in den Fenstern war an vielen Stellen zersplittert. Dieser Bahnhof: Er sah aus, als hätte die Wende nie stattgefunden. Als wäre die Mauer nicht gefallen, als hätten wir alle nur geträumt.

Auf dem großen Vorplatz stand kein einziges Taxi, und kaum ein Mensch war zu sehen. Ich war wieder einmal in diesem Zustand progredienter Orientierungslosigkeit, wie ein Mediziner sagen würde, und fragte mich, wo hier die Stadt war. Schließlich entdeckte ich auf einer Bank am Seitenflügel des Bahnhofs eine junge Frau. Sie war Russin, zeigte mit der Hand auf die gegenüberliegende Straßenseite und da kam auch schon der Bus 105. Ein paar Frauen und vorwiegend junge Männer setzten ihre FFP2-Masken auf, bevor sie einstiegen.

Ein sehr junger Mann mit sehr dunklem Haar und sehr dunklen Augen ging federnden Schrittes durch den Bus und ließ sich auf einem der hinteren Sitze nieder. So, dachte ich, es kann losgehen. Denn ich wollte in meine kleine Pension, weil ich müde war vom stundenlangen Reisen in überfüllten Zügen.

Aber jetzt hatte erst einmal der Busfahrer das Wort.

Junger Mann, rief er deutlich und poco a poco crescendo, kommen Sie mal nach vorne.

Dabei drückte er auf einen Knopf, und die Einstiegstür schwang zur Seite.

Sie da, junger Mann, ja, Sie da, im weißen T-Shirt. Kommen Sie mal.

Der junge Mann mit den sehr dunklen Haaren ging federnden Schrittes nach vorne.

Aussteigen, sagte der Fahrer, und sein Kinn deutete Richtung Einstiegstür.

Wieso?, fragte der junge Mann.

Aussteigen.

Ich hab doch eine gültige Fahrkarte. Ich steig nicht aus.

Ja, aber du hast keine Maske. Du steigst aus.

Der Busfahrer war jetzt schon beim Du. Es war eine Frage der Hierarchie. Es entwickelte sich ein längerer Disput, in dem Schlüsselbegriffe wie Infektionsschutzgesetz, Maskenpflicht und Polizei wiederholt fielen. Das deutsche Volk murrte, es wollte endlich losfahren. Schließlich nestelte der junge Mann mit dem sehr dunklen Haar an der Gesäßtasche seiner Jeans, zog eine Maske heraus und drapierte sie über Mund und Nase.

Halt dich an deutsche Gesetze, Mann, rief der Fahrer und ließ den Motor an.

Ich hab mehr für dieses Land getan als du, sagte der junge Mann, Wichser, ey.

Jetzt konnte die Fahrt losgehen.

Glauchau, sagte mir Google, liegt im sächsischen Landkreis Zwickau. Die Stadt war einmal reich, ein wichtiger Standort der Textilindustrie. Das war jetzt anders. Aber sie hatte ein Rosarium. Die Zeit der Rosenblüte war vorbei, nur ein paar letzte Blüten wehrten sich gegen die Einsicht, dass der Sommer zu Ende ging. Niemand hatte im Sommer die wilden Triebe geschnitten.

Rosen machen mir immer mehr Kummer als Freude. Wenn ich eine Rose sehe, denke ich sofort an die Vergänglichkeit ihrer Schönheit. Ich dachte an die Mutter meines Freundes. Sie war eine sehr schöne Frau gewesen. An der Wand ihrer Küche hingen Teller mit Kalendersprüchen. Einen Spruch konnte ich nie vergessen: Wenn Frauen verwelken, verduften die Männer. Ihr Rosen, sprach ich zu den letzten Rosen, tröstet mich.

Ich ging die Hirschgrundstraße entlang, alte Villen links und rechts, sie waren in einem schlechten Zustand. Diese Häuser, dachte ich, zahlen den Preis dafür, dass der Sozialismus keinen Sinn für Schönheit hatte. Sie sahen aus, als hätte der Sozialismus mit seiner Verachtung für bürgerliche Ästhetik doch nicht kapituliert. Sie taten mir leid, diese verfallenden, unbewohnten Häuser. Traurig wirkten sie auf mich, wie schuhlose, verlauste Kinder.

An der Ecke Hirschgrundstraße / Sonnenstraße standen zwei Frauen. Sie schienen mir noch gar nicht so alt, aber schon klammerten sie sich an den Griff eines Rollators. Als Männer noch Kavaliere waren, reichten sie wankenden Frauen ihren Arm, um sie zu stützen. Aber die Gesellschaft produziert keine Kavaliere mehr, dafür produziert die Industrie Rollatoren. Das war schon wieder ein so ganz und gar nicht zeitgeistgemäßer Gedanke. Aber ich hatte mich damit abgefunden, an der Landstraße zu stehen, während der Zeitgeist blicklos an mir vorbeiraste. Die Frauen standen gebeugt, als trügen sie einen unsichtbaren Rucksack mit der Last der gelebten Jahre, sie sprachen leise miteinander. Im Vorbeigehen hörte ich nur das Wort: Lymphdrüsenkrebs.

Rund um das Schloss und den alten Marktplatz waren die Häuser aufwendig saniert, damit die Touristen aus dem Westen staunen konnten. So schön ist also der Osten, auf den wir im Westen vierzig Jahre herabgesehen haben, auf diese Menschen mit ihren No-name-Denim-Jeans, und rotwangig waren sie und gleichzeitig von merkwürdiger Blässe, weil sie zu viel LPG-Schweinefleisch aßen.

Einmal hatten meine Schwester und ich als kleine Mädchen unsere Großeltern in Mecklenburg-Vorpommern besucht. Es gab dort kein Schwimmbad mit betoniertem Grund, wie wir es kannten. Unser Großvater scheuchte uns durch das Schilf in den See, der vor dem Haus lag. Wir wateten am Ufer durch den morastigen Grund, das Wasser war nicht klar wie in unserem Schwimmbad, sondern von tiefem Braun, und wir fürchteten uns vor den bösen Geheimnissen des Sees. Dass die Menschen hier nicht im klaren Wasser eines Betonbeckens schwammen, sondern in einem See mit unklaren Absichten, interpretierten wir damals als Zeichen der Armut. Es war ein armes Land, und unsere Großmutter, die uns ganz fremd war, weil wir sie zum ersten Mal besuchten, stand lange an für eine Handvoll überreifer Tomaten. Wir waren zehn und elf, und wir verstanden nicht, warum man stundenlang, so schien es uns, für ein paar matschige Tomaten anstehen musste. Und aus den Himbeeren, die unsere Großmutter in ihrem eigenen Garten erntete, pulten wir pedantisch alles, was nach Maden aussah. Unsere Mutter sah stumm und böse auf uns herab. Wir waren verwöhnte West-Blagen und verstanden die Spiele der Nachbarkinder nicht.

Ich fühlte mich sehr fremd in Glauchau, so wie ich mich damals fremd gefühlt hatte. Und es lag nicht allein an diesem gutturalen Sächsisch, das ich hier und dort hörte, dass ich mich fremd fühlte. Im Stadttheater würde im Oktober eine Band spielen mit dem Namen:

The Ultimate Eagles, und sie versprachen die Greatest Hits der Eagles. Und ich dachte: Gibt es etwas Traurigeres, als wenn sich eine Provinzband The Ultimate Eagles nennt? Am Markt gab es das Glauchauer Marktrestaurant, das einmal Deutsches Haus geheißen hatte. Der Schriftzug an der Fassade war noch zu lesen, aber vermutlich war es heute ideologisch verdächtig, ein Restaurant Deutsches Haus zu nennen.

Ich dachte, vielleicht wäre ich entspannter, wenn ich ein kaltes Pils trinken würde. Ich betrat den Garten des Restaurants, an den Tischen saßen Gruppen alter Frauen, es gab wenige Männer, vielleicht lag es daran, dass Frauen robuster sind, dachte ich, dass der grausame Systemwechsel nach dem Mauerfall, der für diese Menschen im Grunde ein Weltuntergang war, ihr Leben nicht verkürzt hatte wie das der Männer. Ich setzte mich an den letzten freien Tisch, und weil ich Sehnsucht hatte nach meinem Norden, bestellte ich tatsächlich im tiefen Sachsen Scholle Finkenwerder Art.

Ich beobachtete die Bedienung, wie sie von Tisch zu Tisch ging, Bestellungen aufnahm, Gläser reichte und nach dem Essen die verwüsteten Tische in Ordnung brachte. Dabei fiel mir ein, dass unser Vater einmal gesagt hatte: Der Deutsche bedient nicht gern. Das war in Italien gewesen. Wir machten Familienurlaub, gingen jeden Abend essen, und jeden Abend verfolgten unsere Augen voller Bewunderung, mit welchem eloquenten Hüftschwung die Kellner um die Tische tänzelten, und diese italienische Allegria, mit der sie Scaloppine al limone und Pizza al forno servierten. Der Magnetismus der Italiener – meine Schwester und ich waren ein bisschen in sie verliebt, benahmen uns albern und konnten ihnen kaum in die Augen sehen. Dagegen die kantigen, eckigen Bewegungen der Deutschen. Das ist nicht typisch ostdeutsch, dachte ich hier in Glauchau, das ist typisch gesamtdeutsch.

Ich war fast übertrieben freundlich zu der Bedienung, als sie mir ein Glückauf-Bier auf den Tisch stellte. Es ist mir immer ein bisschen peinlich, bedient zu werden. In meiner Rolle als Gast, so erkläre ich mir meine Gefühlslage, zwinge ich den anderen in die Rolle des Dienenden. Das ist mir peinlich. Besonders hier im Osten. Ich hatte das Gefühl, man sah es mir immer noch an, dass ich eine West-Blage war, die mit Levis-Jeans und Milky Way aufgewachsen war und im Sommer in einem rechtwinkligen Wasserbecken gerade Bahnen gezogen hatte.

Ich bestellte ein zweites Glückauf-Pils, weil ich nie zuvor ein Glückauf-Pils getrunken hatte und der Name mir gefiel. Er erinnerte mich an die ehrliche Maskulinität der Bergmänner. Ich dachte, weil mir etwas schwindlig war und ich, wie gesagt, mit dem Zeitgeist nicht gerade per Du bin: Ich wünschte, ein starker Mann käme und trüge mich auf seinen muskulösen Armen in meine kleine Pension. Ich wusste nicht, wo sie war, ich fühlte mich ziemlich *lost*, wie die Generation sagt, zu der ich nun wirklich nicht mehr gehöre. Glück auf, sagte ich zu mir, als ich mich auf den Weg machte. Es klang wie: Kopf hoch. Morgen würde ich mich weniger fremd fühlen. Morgen würde ich Frau Teichmann treffen, deren Stimme am Telefon so überwältigend freundlich geklungen hatte.

Frau Teichmann, die in Glauchau eine Schule leitet, erwies sich als eine Frau, die es einem einfach machte, sie zu mögen. Es lag nicht nur am Licht, das die Sonne verschwenderisch an diesem Morgen in ihr kleines Büro schickte und das sich in dem Brillanten brach, der auf der sonnengebräunten Haut von Frau Teichmanns Dekolleté ruhte. Ich musste immer wieder auf das Lichtspiel schauen, wie es sich in den schönsten Spektralfarben brach, und versuchte mich an die Gesetzmäßigkeiten der Optik zu erinnern, die ich vor langer Zeit einmal gelernt hatte.

Frau Teichmann war eine kleine Frau schwer definierbaren Alters, die Haare kurz und blond, sie war schon morgens von einer koboldhaften Quirligkeit, wie ein Kind, das einfach nicht still sitzen kann, weil es draußen in der Welt zu viel zu entdecken gibt.

Ich war mit meinen schweren Hypotonikerbeinen durch die Straßen des morgendlich menschenleeren

Glauchau geschlichen, und meine katastrophalen systolischen und diastolischen Werte versetzten mich wie jeden Morgen in einen Zustand, in dem ich kaum in der Lage war, meinen Namen zu buchstabieren. Ich ließ mich in den Sessel fallen, der schräg zu Frau Teichmanns Schreibtisch positioniert war, und nahm dankbar den Kaffee an, den die Sekretärin im Vorzimmer bereits gekocht hatte.

Frau Teichmann sagte, sie hätte sofort gesehen, dass ich aus dem Westen komme. Frauen aus dem Westen gingen selbstbewusster, aufrechter, die ganze Körperhaltung verrate die Sozialisation im Westen. Ich konnte es nicht glauben, wenn ich an meine Hypotonikerkonstitution und meinen morgendlichen Muskeltonus dachte.

Ich erklärte mir diese merkwürdige Wahrnehmung so: Vielleicht waren wir in unser Westgesellschaft mit seinem unbarmherzigen Individualismus, der dem Einzelnen Freiheit, aber auch jede Menge Verantwortung für das eigene Leben aufbürdete, gezwungen zu diesem aufrechten Gang. Wir signalisierten im grausamen Wettbewerb Individuum gegen Individuum ein Selbstbewusstsein, das wir im Zweifelsfall gar nicht besaßen. Der Sozialismus dagegen war mir immer vorgekommen wie die Wärmestuben, die es im Winter in den bayerischen Städten gibt: ein kostenloser Aufenthalt für Frierende im warmen Wirtshaus ohne

Verzehrzwang. So erschien mir in meiner von keiner persönlichen Erfahrung überprüften Vorstellung der Sozialismus: Niemand musste frieren, denn jeder saß im Mief eines wärmenden Kollektivs, das für den Einzelnen sorgte.

Die Wende, sagte Frau Teichmann, hat viele Menschen im Osten gebrochen. Sie hat ihnen die Identität genommen, ihre Existenz vernichtet. Noch heute trauerten viele um die untergegangene DDR wie um einen sorgenden Pater familias, und wenn sie einen DDR-Klassiker sah, wie *Spur der Steine*, kämen selbst ihr, die die Wende ohne Blessuren überstanden hatte, die Tränen. In dem Filmklassiker spielt ein junger Manfred Krug einen Brigadeführer auf einer Großbaustelle, den man heute vielleicht etwas denunziatorisch Querdenker nennen würde, der ohne Furcht vor Repressionen gegen den Dogmatismus der SED-Parteifunktionäre rebelliert.

Das Land im Osten ist gespalten, sagte sie. Es gibt die Optimisten, und es gibt die, die gegen alles rebellieren aus einem Gefühl heraus, dass sie betrogen wurden und betrogen werden von einer kafkaesk anmutenden anonymen Macht, die schwer zu benennen ist. Erst verteilte der Westen Bananen und fütterte die Menschen mit dem Versprechen auf blühende Landschaften. Dann kam die Treuhand, machte viele Betriebe dicht und zerstörte Existenzen.

Ich verstand, was sie sagte. Ich erinnerte mich an unseren Bundeskanzler Helmut Kohl und sein Bonmot von den blühenden Landschaften.

Kohl war für mich, die ich damals eine vage links justierte und immer empörungsbereite Studentin war, mein Lieblingshassobjekt. Schon seine Leibesfülle symbolisierte für mich die Saturiertheit und Selbstzufriedenheit des Westens, die im Osten, nachdem der Rausch der Wendezeit vorbei war und sich Katerstimmung breitmachte, wie eine Provokation erscheinen musste.

Der Westen hätte etwas vom Osten lernen können, sagte Frau Teichmann, und sie schenkte mir Kaffee nach, den ich trank, obwohl ich ihn nicht vertragen würde. Wieder wollte ich nicht unhöflich sein. Sie hatte drei Kinder weniger erzogen als aufwachsen sehen, weil der Staat mit seinem Angebot der Ganztagsbetreuung die Kinder hütete, nährte, erzog.

Um sie schließlich als ideologisch konditionierte, systemkonforme Menschen in das Leben zu schicken, dachte ich, aber sagte es nicht.

Und Frau Teichmann hatte als Pädagogin die Erziehung der ihr vom System anvertrauten Kinder in der Schule übernommen.

Das Frauenbild, sagte Frau Teichmann, war in der DDR so ganz anders. Frauen wussten, was ein Innensechskantschlüssel ist, sie krochen selber unter ihr

Auto und reparierten, was zu reparieren war. Sie würde auch heute nicht auf die Idee kommen zu sagen: Das lass ich mal meinen Mann machen.

Ich hatte noch nie von einem Innensechskantschlüssel gehört, und meine Bewunderung für Frau Teichmann wuchs, je länger sie sprach.

Frau Teichmann leitete die Saxony International School Carl Hahn, die 2003 in dem leer stehenden Gebäude eines ehemaligen Gymnasiums an der Lindenstraße gegründet worden war, eine Privatschule. Damit es nicht zu sehr nach Elite klang, firmierte sie im lokalen Sprachgebrauch als Europäische Grundschule Glauchau. Es gibt inzwischen sechzehn dieser Schulen in Sachsen, spiritus rector war und ist ein gewisser Rüdiger School, der offenbar seine wahre Bestimmung schon in seinem Namen führt, denn nachdem er in Glauchau Anfang der 1970er-Jahre seine Facharbeiterausbildung als Schlosser beendete, entdeckte er seine pädagogischen Ambitionen. Nach der Wende organisierte er Sprachkurse für russische Spätaussiedler, dann gründete er einen internationalen Kindergarten in Glauchau, und dann entwickelte er sein eigenes Schulkonzept. Die Schule sollte weltoffen und zukunftsgewandt sein.

Frau Teichmann hatte an den Sozialismus geglaubt, an den Anspruch, einen Menschen neuen Typs zu schaffen. Mit dem gleichen Enthusiasmus, mit dem sie dem Experiment Sozialismus als Pädagogin gedient hatte, stellte sie jetzt ihre Energie in den Dienst einer Schule, die den Anspruch vertritt, einen neuen Schülertypus zu schaffen. Der Schüler soll, ausgestattet mit Vielsprachigkeit, mit handwerklichen Fähigkeiten, die unabdingbar sind für einen gewissen Lebenspragmatismus, hinausgehen in die globalisierte Arbeits-und Lebenswelt und erfolgreich und moralisch unkorrumpierbar den Kampf Individuum gegen Individuum bestehen.

Es gab vier Klassen, in vielen Fächern wurde zweisprachig unterrichtet, in Deutsch und Englisch. Die Kinder konnten Spanisch lernen oder Mandarin. Die Schule war von sechs Uhr in der Früh bis fünf Uhr am Nachmittag geöffnet und kopierte damit die Idee des DDR-Sozialismus, dass man ein Kind getrost den ganzen Tag in fremde Hände geben darf.

Die Kaffeekanne war jetzt geleert, mein Blick war klarer, und Frau Teichmann und ich machten uns auf den Weg zu einem Rundgang durch ihre Schule. Ich sah die Werkstätten und die Turnhalle, wo Lehrer und Schüler emsig daran arbeiteten, den Raum zu schmücken, denn es war bald Ende August und am ersten September war Schulanfang für die Erstklässler. Und Schultüte, Ansprachen in einem festlichen Ambiente, Eltern mit ernsten Mienen gehören nun mal im Westen wie im Osten zu den Initiationsriten eines Schülerlebens. Es gab einen Chor, achtzig Kinder gehörten ihm an, und die Kinder singen mit Leidenschaft und Freude, sagte Frau Teichmann.

Ich versuchte mir vorzustellen, wie die Kinder schon um sechs Uhr früh mit schlafschweren Beinen sich die Treppe in die erste Etage hochquälten. Aber nein. Sicher waren die Kinder hellwach und schon frühmorgens voller Elan. Es gebe eine Arbeitsgemeinschaft in der Schule, erzählte Frau Teichmann, die Heinzelmännchen, die hätten kleine goldene Hände, und wären ganz wild darauf, dem Hausmeister zu helfen bei seinem Dienst am Funktionieren einer Schule neuen Typs.

Außerdem würden die Kinder zu ökologisch verantwortungsvoll handelnden Menschen erzogen. Es gab Energiebeauftragte, die kontrollierten, dass alle Computer nach dem Unterricht ausgeschaltet und die Lichter in den langen Fluren gelöscht sind. Im Schulgarten bauten sie Erdbeeren, Paprika und Radieschen an, die noch in echter Erde und nicht in Nährlösung wuchsen und als im Abwehrkampf gegen Möhrenfliege und Raupen gestähltes Gemüse in der Schulküche verarbeitet würden.

Diese Schule ist eine Wohlfühlschule, sagte Frau Teichmann und öffnete die Tür zum Klassenraum einer ersten Klasse. Im Raum war eine durch Regale abgetrennte Leseecke. Hatte ein Kind das Verlangen, sich vom Mitschülerkollektiv zu entfernen, konnte es einfach aufstehen, es sich auf dem kleinen Sofa in der Leseecke gemütlich machen, ein Buch nehmen und für eine Weile in einer fiktiven Gegenwelt verloren gehen.

Mittags nach Unterrichtsende hielten die Erstklässler Mittagsschlaf. Sie rollten ihre Matratzen auf dem Boden des Klassenraums aus, positionieren ihre Kissen, und ab dann sei es ganz still. Jetzt waren die zusammengerollten Matratzen und Kissen in den Fächern eines hinter einem Vorhang versteckten Regals verstaut. Mich rührte der Anblick der Kinderkopfkissen. Ich hatte auf einmal den dringlichen Wunsch, noch einmal sechs Jahre alt zu sein, jeden Morgen die Wohlfühlschule von Frau Teichmann und die Wunderwelt des ABC zu betreten. Denn mit sechs hat man das Staunen noch nicht verlernt.

Ich verließ diese Schule nur ungern. Diese Schule, dachte ich, wird den Kindern einen Weg weisen aus der Provinzialität einer sächsischen Kleinstadt hinaus in die Welt. Diese Kinder werden Kosmopoliten sein, denen Englisch, diese Lingua franca der Weltgewandtheit, leicht über die Zunge geht. Sie werden nicht als gebrochene Existenzen hybride Verschwörungstheorien verbreiten, sondern überall auf dieser Welt reüssieren und Freunde fürs Leben finden. Das war ein schöner Gedanke.

Am Nachmittag machte ich mich auf den Weg in das Tier- und Nutzgehege, einen privat betriebenen Minizoo, der bei jungen Eltern, die in der ständigen Not sind, ihren Kindern Attraktionen liefern zu müssen, sehr beliebt zu sein schien. Es gab Miniponys und Minischweine, Schafe, Ziegen, Rinder und Esel. Es war mal wieder ein sehr heißer Augustnachmittag. In der heißen Luft schwebten die Ausdünstungen deutscher Nutztiere. Die Kinder rümpften die Nase, balancierten auf dem Mauervorsprung, klammerten sich an die Metallstreben des Zauns und warteten, dass das Minischwein endlich aus seinem Ministall herauskäme. Nebenan stand eine Gruppe Esel in Bettelhaltung dicht am Maschendrahtzaun, ich streckte eine Hand durch den Zaun, berührte den Nasenrücken des Esels, der am nächsten stand, und sagte: *Courage, mon petit.* Und ich wusste nicht, warum.

Der Teich der Kanada- und Ringelgänse führte schon lange kein Wasser mehr. Auf dem eingetrockneten Teichgrund, der dunkelgrün und rissig war, watschelten – fassungslos, wie mir schien – die schweren Vögel.

Die armen Gänse, sagte die Frau, die ihr Fahrrad über den Kiesweg geschoben hatte und jetzt stehen blieb.

Acht Wochen hat es nicht geregnet, vielleicht sogar noch länger nicht.

Die Tiere verstehen die Welt nicht mehr, sagte ich

Wir Menschen verstehen die Welt auch nicht mehr, sagte die Frau.

Es war das, was ich eigentlich hatte sagen wollen. Und so waren wir, Ost-Frau und West-Frau, dann doch für einen Moment einander nah im geteilten Weltunverständnis.

Zerbst, Sachsen-Anhalt

Ich fuhr weiter nach Zerbst, einer kleinen Stadt in Sachsen-Anhalt. In Zerbst redete sich schon morgens um neun Vox populi in Rage: Ad eins, sagte Frau Köhler, die ein kleines Hotel am Rand der Altstadt führt, in dem ich zwei Nächte verbringen würde: Es will ja niemand mehr arbeiten. Sie putze jetzt ganz allein von morgens bis abends die Zimmer ihres Hotels, um fünf in der Früh, wenn sich die Arbeitsverweigerer noch einmal auf die andere Seite drehten, ließ Frau Köhler den Wischeimer volllaufen, und abends um sieben, wenn sich die Leistungsverweigerer ihre zweite Flasche Bier genehmigten, wäre dann endlich Schluss, sie könnte sich die von der Seifenlauge schrundigen Hände eincremen, im Sessel zurücklehnen und über das Spannungsverhältnis zwischen Wohlfahrtsstaat und Arbeitsethos nachdenken.

Unlängst, sagte Frau Köhler, hätte ihr die Agentur für Arbeit zwei Frauen geschickt. Das staatliche Bemühen, die Frauen nach längerer Pause wieder an einen von Arbeit strukturierten Tagesablauf zu gewöhnen, scheiterte. Die eine jammerte schon nach zwei Tagen über ihre Gicht, die sich nicht mit dem Wischwasser vertrug. Die andere hatte nach wenigen Wochen vom vielen Bettenbeziehen das Reißen in der Schulter. Ein mitfühlender Arzt schrieb sie erst einmal krank. Die war ja eigentlich ein armes Kind, sagte Frau Köhler, die auch nicht ohne Mitgefühl war. Als das Mädchen zwölf war, verließ die Mutter die Familie, um einem Russen nach Russland zu folgen. Jetzt war das arme Mädchen fünfunddreißig, war durchaus willig, etwas zu tun und ihren Platz in der Gesellschaft zu finden, während ihre fünf Geschwister zufrieden waren mit ihrer Position als gesellschaftliche Randexistenzen. Sie machten es sich in der Hängematte des Wohlfahrtsstaats bequem und bettelten das arme Mädchen, wenn sie mit dem Geruch nach Staub und aggressiven Putzmitteln auf der Haut nach Hause kam, um ein paar Euro für einen Kasten Bier an. Also gab sie ihnen Geld, aus Loyalität oder Naivität – schwer zu sagen. Frau Köhler tendierte zu Letzterem.

Ja, haste denn nen Ei auf dem Kopf, hatte sich Frau Köhler erregt, in einer Art mütterlichen Affekthandlung. Dann kam das Reißen in der Schulter. Das Ende vom Lied war: Frau Köhler putzte jetzt wieder allein. Womit wir zu ad zwei kamen: 10 000 Euro im Jahr zahlte sie, weil ihr Hotel auch im Winter geöffnet war, die Gäste sollten es ja warm haben. Wenn die Gaspreise weiter so stiegen, würde sie 40 000 Euro zahlen. Dann müsste sie das Hotel im Winter dichtmachen.

Vielen Dank, Herr Scholz, rief sie wütend in den Frühstücksraum, in dem ich an diesem Morgen ganz allein saß. Easy-listening-Musik schwebte durch den Raum, was Frau Köhler nicht besänftigen konnte.

Damit wären wir bei ad drei, nämlich bei unserer Regierung: Gestern war Scholz in Magdeburg, sagte Frau Köhler, das hatte sie heute Morgen in der Zeitung gelesen, und suchte den Dialog mit dem Volk. Ausgepfiffen haben sie den. Ausgepfiffen. Mal ehrlich. Müssen wir unsere Wirtschaft für einen Krieg ruinieren, der uns letztlich doch gar nichts angeht? Und hören Sie mir auf mit der Energiewende. 2025 kriegen wir dann grünen Wasserstoff aus Kanada. Na gute Nacht. Unsere Regierung. Die können doch nichts.

Im Jargon der Arbeitslosigkeitsverwalter der Agentur für Arbeit hieße das, die Regierungsmitglieder wären schwer vermittelbar, dachte ich.

Die haben doch nichts gelernt, sagte sie. Gucken Sie sich den Habeck an. Und ich dachte, es wäre sinnlos, darauf zu verweisen, dass er immerhin Hölderlin zitieren konnte.

Oder die Baerbock, die auf hohen Absätzen durch die Weltpolitik stöckelt! Na ja, und dann die Dicke von den Grünen. Die hat ja noch nicht einmal einen Abschluss.

Frau Köhler war nissig, was ins Hochdeutsche übersetzt in etwa wütend heißt. Das Volk im Osten war, so

Frau Köhler, nissig, verdammt nissig. Sie mochten diesen Selenskyj nicht, der allabendlich in seinem olivgrünen T-Shirt, als käme er gerade ungeduscht von der Front, auf dem Bildschirm erschien und von den Deutschen Solidarität und Waffen forderte.

Die meisten im Osten mochten ihn nicht.

Zu DDR-Zeiten hätten sie hier einen Flugplatz gehabt, wo die 126. Jagdfliegerdivision der Roten Armee stationiert war. Die russischen MiGs flogen Tag und Nacht über die Stadt. Aber sie hätte nichts gegen die Russen. Nichts gegen die, die nach dem Abzug der Roten Armee geblieben waren, und nichts gegen die, die später als sogenannte Russlanddeutsche kamen.

Damit hatte Frau Köhler den Bogen gespannt zu ad vier: den Ausländern.

Ganz schlimm wären ja die Polen.

Die schachern und stehlen, sagte sie. Früher kamen sie zum Spargelstechen. Jetzt sind sie sich zu fein für die Arbeit. Dafür kommen jetzt die Rumänen. Die sind noch schlimmer als die Polen.

Ihrer Mutter, die auf dem Land lebte, seien zehn Hühner abhandengekommen. Über Nacht.

Die Tochter kam, die Polizei kam, und der Polizeibeamte sagte: Das war wohl der Fuchs.

Das machte Frau Köhler schon wieder nissig, und sie herrschte den Polizeibeamten an: Ja, haben Sie denn nen Ei auf dem Kopf! Der Fuchs hatte wohl nen

Rucksack dabei. Hat alle zehn Hühner eingesammelt, nicht eine Feder ist übrig geblieben, und ab ist er.

Frau Köhler hatte übrigens drei Bandscheibenvorfälle und putzt trotzdem, denn sonst will ja keiner arbeiten.

Aber jetzt müsse sie schleunigst das Wildschwein aus der Tiefkühltruhe nehmen. Die Enkelin feierte heute Einschulung, und am Abend sollte es Wildschweinwürste geben. Das Schwein hatte ihr Mann selbst geschossen.

Die Enkelin hätten sie in einem privaten Gymnasium angemeldet. Und damit kam Frau Köhler, bevor sie in den Keller ging, ad fünf, noch zum Bildungssystem: Auf öffentliche Schulen, sagte sie, können Sie die Kinder doch gar nicht mehr schicken. Da steht jeden Tag die Polizei vor der Schule. Da wird mit Drogen gehandelt. Auf dem Klo brennt es. Und aus dem Fenster fliegen die Stühle. Und Lehrer gibt es auch keine. Also fährt meine Tochter, sagte sie, meine Enkelin lieber jeden Tag in das private Gymnasium in Dessau, damit sie nicht eines Tages endet wie – sagen wir mal: wie die Dicke von den Grünen.

Aber jetzt musste Frau Köhler wirklich los, erst in den Keller zum Wildschwein und dann in die Zimmer und die Betten frisch beziehen.

So also sprach der Volkszorn in Zerbst schon morgens um neun, und der Tag war noch lang.

Frauen wie Frau Köhler erinnerten mich an meine Mutter. Ich erinnerte mich an die Zeit ihrer großen Wut. Meine Schwestern und ich gingen noch zur Schule, und nachmittags lagen wir oft in unseren Zimmern auf dem Bett und lasen – eine Pose, die unsere Mutter als Faulheit interpretierte. Unsere Mutter – in ihrem Hausfrauendasein auf das Niveau einer Mann und Kindern Dienenden herabgewürdigt und daher in einem latenten Zustand des Zorns – patrouillierte gelegentlich, wenn es in den Zimmern der Töchter verdächtig ruhig war, von Zimmer zu Zimmer, sah die auf dem Bett liegenden Kinder, und ihre Wut äußerte sich in dem Satz, den wir schon kannten: Ihr denkt wohl, lasst eure alte Mutter mal machen.

Ich erinnere mich gut, der Satz hat als ironisches Zitat in der Asservatenkammer der Familienanekdoten überlebt.

Heute verstehe ich unsere Mutter. Ich denke: Unsere Mutter und Frau Köhler – das sind die Frauen, die das Gefühl nicht loswerden, dass sie ganz allein den Laden schmeißen müssen. Während es sich andere bequem machen und der Kanzler keine Ahnung davon hat, was es bedeutet, sämtliche Zimmer eines Hotels allein zu putzen.

Ich war nach Zerbst gekommen auf der Suche nach dem Gestern. Die Stadt nennt sich etwas anmaßend Heimatstadt von Katharina der Großen, was insofern zutreffend ist, als die Fürstentochter Sophie Auguste Friederike von Anhalt-Zerbst knapp zwei Jahre in dieser Stadt lebte, bevor sie 1744 von hier auf Reise ging, um die arrangierte Ehe mit dem russischen Thronfolger einzugehen. Geist und Gemüt des Ehemanns waren von jahrhundertelanger Inzestpraxis der Hocharistokratie schwer gezeichnet. Nach seinem Ableben unter mysteriösen Umständen saß die Fürstentochter als Katharina die Große fast drei Jahrzehnte auf dem Zarenthron. Sie liebte die Männer, Kriegszüge und die Künste. Das hatte ich in Russland gelernt.

Es gab eine Zeit, da zog mich Russland sehr an. Ich hatte zu viel Dostojewskij gelesen und war berauscht von den Namen der Frauen, dem Silberklang ihrer Namen: Nastassja Filippowna, Darja Alexejewna. Und so war ich eines Tages nach Sankt Petersburg gekommen, den Kopf voller romantischer Ideen und in Erwartung überwältigender Schönheit. Ich erinnerte mich daran, wie ich mit einem russischen Freund durch die Ermitage geschlendert war, wie wir vor dem Porträt des jungen Grafen Grigorij Grigorjewitsch Orlow stehen geblieben waren und wie ich so etwas Dummes gesagt hatte wie: Das ist der erste attraktive Mann, den ich in Russland sehe. Es gibt Sätze, die man sich nie verzeiht, und das ist so ein Satz. Ein Satz aus einer Zeit, die ich meine russische Phase nenne, was für andere anmaßend klingen muss, weil hier eine Bedeutungsschwere suggeriert wird, als spräche ich von der blauen Periode Picassos. Aber für mich hatten diese Jahre eine Bedeutung.

Ich war nach Zerbst gekommen, weil ich das Schloss sehen wollte, wo Sophie Auguste Friederike mit Fasanen und den Regeln der höfischen Etikette gefüttert und zu einer heiratsfähigen Frau erzogen worden war. Das Schloss musste einmal sehr schön gewesen sein, auf alten Fotografien sieht man einen dreiflügeligen Prachtbau, der als einer der bedeutendsten Barockbauten Mitteldeutschlands galt. Heute steht nur noch der Ostflügel, Putz ist von der Außenmauer gefallen, die roten Ziegelsteine leuchten wie eine frische Wunde.

Ich musste an eine Schriftstellerin denken, die in einer ihrer Erzählungen die Protagonistin sagen lässt: In Frankfurt hat Deutschland seine Strafe bekommen für das, was es mit dem Zweiten Weltkrieg angerichtet hat. Ich fand, das galt nicht nur für Frankfurt. Auch das Zerbster Schloss war dem Größenwahn der Deutschen und der Sturheit lokaler NS-Funktionäre zum Opfer gefallen, vier Ultimaten zur Kapitulation hatte die Stadt verstreichen lassen, dann bombte im April 1945 die US-Luftwaffe die Stadt und ihr Schloss in Schutt und Asche.

Ich stand vor diesem von einer verständlichen Vergeltungswut gezeichneten Gebäude, das mehr eine Ruine war als ein Schloss, und dachte: Immer werden wir um die Schönheit betrogen. Ich dachte an meine russischen Jahre, meine Freunde in Petersburg, die mich manchmal scherzhaft Katjuscha genannt hatten, in Anspielung an die Herkunft Katharinas. Ich liebte die Sprache schon allein für den Klang ihrer Diminutive. Die Zärtlichkeit, die darin lag. Wie ich es in diesem Sommer vermisste, Katjuscha genannt zu werden.

Ich ging wehmütig durch die Altstadt, wo, wie ich fand, die Monumente der Geschichte und die Manifestationen einer brutalen Moderne unversöhnlich nebeneinanderstanden. Auf einer Bank unter Kugelahornen saßen ein paar junge Russen, die versuchten, mit Sprücheklopfen den Tag kleinzukriegen. Ich kam am Kaufland vorbei, das diese sozialistische Lagerhallen-Ästhetik hatte, und ich sagte zu mir: Die Discounter im Westen sehen auch nicht besser aus. Schräg gegenüber stand ein etwa zehnstöckiger Wohnriegel, der vielleicht einmal den Anspruch der DDR-Stadtplanung repräsentiert hatte, bessere Wohnungen für bessere Menschen zu bauen. Jetzt sah er verwahrlost aus, das Haus war in einem Zustand der Vernachlässigung, der ein Wort wie Reparaturstau euphemistisch klingen ließ.

Auf der Fuhrstraße, die die Altstadt zerschnitt und mit ihrem Namen die Vorstellung provozierte, es würden noch immer Pferdegespanne die Stadt kreuzen, rasten pausenlos Lastwagen und die Pkws der Berufspendler. Hör auf zu träumen, dachte ich. Die Zeit der raschelnden Taftröcke und der Pferdegespanne ist vorbei. Dies ist das Heute der kalten Funktionalität.

Die Männer gingen in kurzen Hosen durch den heißen Augustnachmittag, Frauen in Leggings und T-Shirts in X-Large.

Ein Schäferhund schlich mit hängender Zunge an der Ruine der alten Stadtkirche St. Nicolai vorbei. Nicht weit vom Tourismusbüro gab es einen kleinen Platz, auf dem kastenförmig zurechtgestutzte Platanen ihren löchrigen Schatten warfen. Auf einer Bank saß ein Mann und sprach in sein Handy. Er sprach nicht durch den Mund, sondern durch eine Art Mikrofon in der Mulde an seinem Hals. Es klang ein bisschen wie eine Stimme aus einem Souffleurkasten.

Überall sah ich in dieser Stadt die Zeichen der Versehrtheit.

Ich dachte, wenn uns schon die letzten Gewissheiten verloren gehen, bleibt zumindest der Glaube. Ich gehe nicht oft in die Kirche, nur an Weihnachten, weil der Mensch an Weihnachten sentimental wird und nicht nur den Wunsch nach Gänsebraten und selbst gebackenen Keksen verspürt, sondern auch dieses Verlangen nach transzendentalem Trost. So traf ich Herrn Lindemann.

Herr Lindemann war evangelischer Pfarrer in

Zerbst, ein Mann des offenen Wortes, der die Dinge ausspricht, wie er sagte, und sich nicht dem Diktat der Political Correctness beuge.

Er lebe in dem Paradox, dass seine Direktheit zuweilen missverstanden wird. So hätte er unlängst einem Reporter ein Interview gegeben, die Dinge wieder einmal ausgesprochen, wie er sie sieht, und darüber, was die Menschen im Osten bewegt, und prompt Applaus von Menschen bekommen, die ihn der Querdenkerszene zurechnen wollten.

Die Kirche war immer ein Ort des freien Diskurses, sagte er. Das hatte sie in der DDR attraktiv gemacht für Menschen, die die Deutungshoheit der SED-Funktionäre kritisch sahen und eigene Wahrheiten suchten. Das Gemeindeleben war eine Möglichkeit für Menschen, die sich damit abfinden mussten, niemals in ihrem Leben Paris oder Rom zu sehen, Welt im begrenzten Rahmen von Partnerschaften zu erfahren. Solche Partnerschaften gab es mit afrikanischen, niederländischen und westdeutschen Gemeinden. Dass die Kirche nur bedingt ein geschützter Raum für das freie Wort war, begriffen sie erst nach der Wende. Der Schock war groß, als sie feststellen mussten, dass die Bespitzelung bis in die Kirchengemeinden gegangen war. Der Spitzelstaat hatte die ganze Gesellschaft durchdrungen, wie ein Pilz mit seinen Myzelen alles Organische durchdringt. Auch in einer Zerbster Gemeinde war ein Pfarrer als Inoffizieller Mitarbeiter des Staatssicherheitsdienstes aktiv gewesen. Nach der Wende verlor die Kirche an Attraktivität, ihre Exklusivität als Raum freier Meinungsäußerung. Das Sensationelle war plötzlich weg, sagte Herr Lindemann.

Die Leute, sagte er, wollen aussprechen, was sie beschäftigt. Und was sie hier im Osten beschäftigte, war das Gefühl, dass die Meinungsfreiheit zunehmend bedroht war von einer ständig empörungsbereiten urbanen Elite, die im Selbstbewusstsein moralischer Vollkommenheit definiere, was gut und was verwerflich ist.

Es sei diese allgegenwärtige Skandalisierungsbereitschaft gegenüber Menschen, die beispielsweise eine unzulänglich gemanagte Migration kritisch sehen. Und im Osten sähen viele Menschen Migration kritisch. Sie sorgten sich um die Zukunft des Landes, dass die Heimat sich so sehr verändert, dass sie sich hier nicht mehr zu Hause fühlten. Diese Menschen seien nicht zwangsläufig rassistisch oder fremdenfeindlich, sie wollten einfach nur, dass bestimmte Dinge blieben, wie sie waren. Denn dies sei ihre Heimat, und sie wollten sich hier wohlfühlen.

Der öffentliche Diskurs neige seit einiger Zeit zur Hysterie, sagte Herr Lindemann. Wer sich an das Sprachreglement der urbanen Elite nicht halte, werde suggeriert, bewege sich außerhalb der demokratischen Ordnung. Und wer mit dem Auto zur Arbeit fahre, werde als Umweltsünder allzu schnell moralisch abgeurteilt. Es wäre einfach, in Metropolen mit einem dichten Verkehrsnetz, in dem die U-Bahnen zur Rushhour im Dreiminutentakt führen, sich ökologisch verantwortlich zu verhalten. Aber hier in der Provinz hätten die Menschen oft keine Wahl, wenn nur zweimal am Tag ein Bus das Dorf verlasse – und auch nur zu Schulzeiten.

Als Student hatte Herr Lindemann Habermas gelesen, er hatte sich begeistert für die Idee des herrschaftsfreien Diskurses. Das gibt es heute nicht mehr, sprach er in die Kühle des holzvertäfelten Pfarramtsbüros hinein. Im Osten gäbe es noch immer viele Menschen, die in der Sowjetunion studiert und gearbeitet hatten. Und heute sähen sie Parallelen zwischen der alten *Prawda*, die von der KPdSU definierte Wahrheiten verkündete, und einer als tendenziös erlebten Berichterstattung in deutschen Medien.

Die Menschen hier sind zutiefst verärgert und verstört, sagte Herr Lindemann. Viele leben hier in prekären Jobs, auch gut Ausgebildete. Die Märkte versagen, es gibt Lieferengpässe, die Spritpreise steigen, die Gaspreise. Und der Staat ist unfähig, das zu regulieren.

Wenn das so weitergeht, ist Erwerbsarbeit für viele ökonomisch sinnlos. Was würde geschehen, wenn sich mehr entschieden, zu Hause zu bleiben und Staatsleistungen zu beziehen?

Es geht immer nur um die Rettung der Konzerne, sagte Herr Lindemann, so denken die Leute, um das Gehalt der Geschäftsführer, die Aktionäre. Es geht nicht um die elementaren Bedürfnisse der Menschen in der ländlichen Region. Das wissen die Leute. Die sind doch nicht doof. Die Arbeitnehmer mit den geringen Einkommen – um die müsse man sich kümmern. Die Familien entlasten, auch bei der Betreuung der Kinder, ihrer Ausbildung.

Zwei Stunden hatte Herr Lindemann versucht, mir die Gefühlslage im Osten zu erklären. Er sprach nicht in diesem Predigerton, der die Besucher des Sonntagsgottesdienstes zu ethischer Reife erziehen zu müssen glaubt. Er sprach mit der Eloquenz von einem, der die Dinge klar sieht und sie auszusprechen zu seiner Aufgabe gemacht hat.

Eines wolle er noch sagen: Wir im Osten meckern nicht nur. Die Menschen wollen wieder Gemeinschaft, zusammen feiern, gut gelaunt in die Zukunft sehen. Wir als Christenmenschen, sagte Herr Lindemann, müssen vermitteln, dass wir an die Zukunft glauben. Wir müssen den Kindern vermitteln: Wir glauben an die Zukunft.

Das war ein schönes Schlusswort, und jetzt wollte Herr Lindemann mir eine kleine Dorfkirche zeigen. Im ländlichen Sachsen-Anhalt praktiziert man die Politik der offenen Kirchen. Die Kirchen sind nicht wie im Westen verschlossen, sie sind offen für jeden, der Trost sucht, die Stille oder einfach nur Zuflucht vor der Augusthitze.

Wir stiegen aus dem Auto, gingen über eine verbrannte Wiese, betraten die kleine Dorfkirche. Neben dem Altar stand ein Grill, er störte die Ästhetik des Kirchenraums. Herr Lindemann stellte den Grill zur Seite. Dann setzten wir uns nebeneinander auf eine Kirchenbank und lauschten der Stille. Es machte mich etwas verlegen, so dicht neben einem Mann zu sitzen, den ich gar nicht kannte, in dieser Stille, und um etwas zu sagen, sagte ich: Für mich hat die Stille ein Gewicht. Man kann sie fast spüren.

Und ich meinte es auch so.

Manchmal denke ich: Könnte ich mein Leben noch einmal beginnen, würde ich Theologie studieren, nur um immer wieder ganz allein in meiner Kirche sitzen zu können.

Ich mochte die Kargheit des Kirchenraums. Ich empfand sie nicht als Mangel. Diese Reduktion auf das Wesentliche erschien mir die einzig richtige Antwort auf diesen merkwürdigen Sommer.

Bienenbüttel, Niedersachsen

Es war Samstag, und die Menschen waren im Wochen-
endmodus. Im Zug nach Magdeburg holte eine Mutti – mir war aufgefallen, dass die Menschen im Osten
von ihren Eltern oft als Mutti und Vati sprachen, sie
sprachen in dieser Verniedlichungsform, selbst von
fremden Eltern. Auch mein Nachbar zu Hause, der
ursprünglich aus Brandenburg kam, sagte, wenn ich
ihn traf: Grüßen Sie mir Ihre Mutti – diese Mutti holte
also jetzt für Mann und Tochter eine Banane aus dem
Rucksack.

In Glauchau hatte Frau Teichmann gesagt: Eva hat
Adam mit einem Apfel verführt, der Westen hat den
Osten mit einer Banane verführt. Seit der Wende kann
ich keine Banane ansehen, ohne zu denken: Die Banane hat ihre Unschuld verloren.

Eine junge Familie wollte in Magdeburg ins Kino
gehen. Es war schließlich Samstag, man musste den
Kindern etwas bieten, und die Kinder bettelten schon
jetzt um Cola und Popcorn.

So, Kollege, sagte der junge Vater zu dem kleinen
Jungen und dem kleinen Mädchen, ich sag's euch jetzt
zum letzten Mal: Gegessen und getrunken wird vor

dem Kino. Cola im Kino kann ich mir nicht leisten. So war für die Kinder das Wochenende schon halb verdorben durch diese morgendliche Lektion im Maßhalten. Der junge Vater trug eine Basecap. Vermutlich war es ein letztes Relikt einer rebellischen Wildheit, die der Mann störrisch behauptete, nachdem er als Ehemann und Vater domestiziert worden war.

Von Magdeburg ging die Reise weiter nach Uelzen, das Tor zur Lüneburger Heide. Hier war Niedersachsen, und ich fühlte mich nicht länger fremd.

Der Bahnhof Uelzen war das Werk des Künstlers Friedensreich Hundertwasser. Hundertwasser ertrug bekanntlich keine geraden Linien und keine rechten Winkel, weil sie künstlich sind und in der Natur nicht vorkommen. Und so versuchte er, jedes Objekt in eine organische Form zu zwingen. Es gab viel Farbe, viel Gold und kleine Zwiebeltürmchen. Der Bahnhof sah ein wenig so aus, als hätten Kinder aus Knetmasse einen Bahnhof gebastelt. Er hatte diesen Bullerbü-Charme, als könnten wir uns die Welt rund und bunt träumen. In der unterirdischen Passage, die die Gleise verbindet, war die Gradlinigkeit des Pflasters aufgebrochen, mit Dellen und an den Seiten gelegenen kleinen Wällen, die die Passage noch enger machten. Schrecklich, sagte die alte Frau, die neben mir ging und Mühe hatte, ihren Rollkoffer über dieses Stein gewordene Diktat des Organischen zu rollen. Schrecklicher

Bahnhof. Der Bahnhof von Uelzen ist also ein schönes Beispiel für die frühe Polarisierung der öffentlichen Meinung, die heute allgegenwärtig ist: Für manche ist der Bahnhof Kunst, für andere Kitsch.

Hier also begann die Lüneburger Heide: karge, sandige Böden, Heidegestrüpp. Die Menschen hier waren arm, aber dann entdeckte man in diesem Ensemble aus flammend roter Heide, Birkenwäldern und kegelförmigen Wacholderbüschen den touristischen Mehrwert. Seitdem rollten im Sommer Massen von behelmten Fahrradtouristen durch die kleinen Orte der Lüneburger Heide. Sie sahen mit ihren Helmen aus wie Krieger in geheimer Mission.

Ein Regionalzug brachte mich von Uelzen nach Bienenbüttel. Hier stieg ich aus, allein aus dem sentimentalen Grund, dass ich Bienen mag und großen Respekt vor ihnen habe, für all das Bestäuben und Befruchten, das sie jeden Sommer vollbringen, als wären sie einer protestantischen Arbeitsethik verpflichtet. Es war ein kleiner freundlicher Ort, die Häuser waren zumeist aus rotem Ziegelstein gebaut. Ich mag diesen Stein, er strahlt Wärme aus. Und als ich Kind war, dachte ich, hinter einer Hausfassade aus Ziegelsteinen könnten nur freundliche Menschen leben. Es gab ein paar alte Bauernhöfe, sie trugen stolz das Niedersachsenross am Giebel. Kein Hof schien mehr Nutztiere zu halten, es war still in den alten Stallungen, und die üblichen

Geräusch- und Geruchsemissionen fehlten. Das ist gut so, dachte ich, denn noch mehr Nutztierelend könnte ich nicht ertragen.

Es war nun Samstagnachmittag, und manche Familien besannen sich darauf, dass sie eine Familie waren, und schlenderten mit den Kleinkindern und einer Tüte von altem, in kleine Würfel geschnittenem Brot zum Mühlenteich, wo schon die Entenmeute schnatternd am Ufer wartete. Die Brotfütterung ist allgemein nicht gern gesehen, aber dann doch toleriert, weil sich an einem Mühlenteich Kleinkindern, bevor sie in wenigen Jahren in die digitale Welt abtauchen würden, die Sensation einer Begegnung mit der analogen Natur in Form eines Wasservogels bietet.

Andere Eltern scheuchten ihre Kinder, die sich, das ländliche Gebot der Mittagsruhe ignorierend, den ganzen Mittag über schreiend auf der Straße mit Wasserpistolen beschossen hatten, zum Zweck der Befriedung ins Eiscafé. Das Eiscafé lag an der Hauptstraße von Bienenbüttel und war, neudeutsch gesprochen, der It-Place des kleinen Ortes. Hier saßen sie nun unter behelmten Fahrradtouristen, die auch jetzt, da sie mit langstieligen Löffeln nach den Köstlichkeiten auf dem Grund ihres riesigen Eisbechers tauchten, ihre Helme nicht abnahmen, als fürchteten sie sich vor geheimnisvoller Strahlung.

Diese friedliche, fast biedermeierlich anmutende

Samstagnachmittagsdorfidylle sollte einen Fremden nicht dazu verleiten, das Wutpotenzial der Menschen, die hier lebten, zu unterschätzen. Der Mensch im Norden, so sagt man, ist von gemäßigtem Temperament. Er fährt im Sommer gern nach Italien, aber nach drei Wochen, in denen er die theatralischen Gesten und die mit viel Tremolo geführten Gespräche der Italiener amüsiert beobachtet hat, ist er froh, in die Stille und das zurückgenommene Adagio des Nordens zurückzukehren und erst einmal eine Tasse Tee zu trinken, bevor er sich über irgendetwas echauffiert. Hier geht man gemäßigten Schrittes durch den Alltag, verteilt ein Moin Moin nach links und rechts und sagt nicht *Ciao, Come stai, bella*, mit Küsschen links und Küsschen rechts auf die Wange wie diese Italiener es lieben – und neuerdings auch das Publikum im durchgentrifizierten Schwabing, das gerne italienische Lebensart kopiert, selbstverständlich zwei Espressi und nicht Espresso bestellt und sich aufführt, als stünde es den ganzen Tag auf einer Bühne.

Hier im Norden hat der Mensch eine gewisse Erdschwere, die ihn in der Regel vor allzu affektgesteuertem Handeln bewahrt. Der Niedersachse ist sturmfest und erdverwachsen, sagt das Niedersachsenlied, eine Art inoffizielle Hymne des Bundeslandes. Und der Niedersachse hängt an seiner Scholle, ich kann das bestätigen, denn ich hänge auch an meiner Streuobstplantage, die ich vor vielen Jahren mit meinem Freund angelegt habe. Scholle ist ein Wort, das die Menschen hier im Norden schon immer benutzten, es bedeutete Heimat, Verbundenheit mit der Erde, die Generationen ihrer Familie bewirtschaftet hatten. Es war auch nach dem Ende der NS-Diktatur ideologisch unverdächtig, während es, von der Historie beschmutzt, für Politiker und Pädagogen auf dem Index stand und für den allgemeinen Sprachgebrauch lange Zeit tabu war.

Die Wirkmächtigkeit dieser Schollengebundenheit hatten die Technokraten in Berlin unterschätzt, als sie vor Jahren eine neue Schnelltrasse für den ICE von Hannover nach Hamburg planten. Die Trasse würde auch durch den Landkreis Uelzen führen, und als die Absichten der Deutschen Bahn AG ruchbar und erste Informationen über den konkreten Streckenverlauf publik wurden, kräuselten die ersten die Stirn.

So auch Herr Günther, der in Westerweyhe lebte, einer Randgemeinde von Uelzen, der hier geboren wurde und nirgendwo anders leben wolle. Denn hier, sagte Herr Günther, ist Heimat, und Heimat ist, wo man sich zu Hause fühlt. Herr Günther war Bürgermeister der Gemeinde und stellvertretender Bürgermeister der Stadt Uelzen, von der er nie anders sprach als von der Hansestadt Uelzen, als wollte er sich bei jeder Erwähnung verbeugen vor der glanzvollen Geschichte der alten Handelsstadt.

Es war Sonntagmorgen, und Herr Günther hatte im Auto vor meinem Hotel in Bienenbüttel auf mich gewartet. Wir fuhren stundenlang über das Land, an Weihern vorbei, an Buchenwäldern, abgeernteten Rübenäckern, Obstplantagen, und er zeigte mit großer Geste das, was für ihn Heimat war. In Westerweyhe gibt es noch einen Schweinemastbetrieb, sagte er, was ich nicht näher kommentieren wollte, hier gibt es noch eine Dorfschule, in der mehr als 170 Kinder lernen, und gegenüber der Dorfschule gibt es die Dorfkneipe, wo man auch abends, den Wirtsraum betretend, ein Moin Moin in die Runde der Zecher wirft.

Traditionen seien hier mehr als Folklorespektakel für Touristen, vielmehr Ausdruck der Identität. Jedes Jahr wählte Westerweyhe seine Heidekönigin, und in einem Jahr, es ist lange her, wurde Günther zum Heidebock gewählt, einer Art Prinzgemahl der Heidekönigin. Sie repräsentierten ihre Gemeinde ein ganzes Jahr lang bei festlichen Anlässen in Kostümen, die nur der lächerlich finden kann, der nichts weiß von der identitätsstiftenden Kraft der Traditionen.

Leider sei die schöne Tradition seit zwei Jahren Geschichte. Es gebe keine Heide mehr in Westerweyhe, weil sich kein Schäfer mehr fand, und damit auch keine Schafe, diese genügsamen Tiere, die mit ihren Mäulern an Gräsern und kleinen Bäumchen zupften und so der Heide Licht und Platz zum Wachsen verschafften. Weil die Schafe nicht mehr kamen, wuchsen Gräser und Bäume, und die Heide verschwand – und damit auch ein Stück Geschichte.

Es bleiben die Volkstänze, sagte Herr Günther. Er selber war Mitglied einer Volkstanzgruppe, die heimische Tänze aus dem 17. und 18. Jahrhundert einstudierte, und das möge belächeln, wer nicht versteht, wie sehr Tanz, allein schon aufgrund der körperlichen Nähe, die Menschen verband und die Dorfgemeinschaft festigte.

Westerweyhe, in dieser Randlage von Uelzen, hatte Zukunft. Das Neubaugebiet, das vor wenigen Jahren entstand, war Habitat eines Menschentypus, der auf der einen Seite die Annehmlichkeiten des urbanen Lebens schätzt, auf der anderen Seite seinen Feierabend in Naturnähe verbringen möchte. Und nun sollte nach dem Willen der Bahn ein Schnellzug in nur 300 Meter Entfernung die Feierabendidylle durchkreuzen.

Nicht anders sei die Situation im nahe gelegenen Ort Kirchweyhe. Auch hier bekenne man sich zur Heimatliebe, und als das Dorf selbstbewusst am niedersächsischen Wettbewerb *Unser Dorf hat Zukunft* teilnahm, landete das Dorf immerhin unter den letzten zehn. Vielleicht hätte das Dorf sogar noch einen besseren Platz belegt, aber dummerweise entdeckte ein Jurymitglied beim Gang durch Kirchweyhe den als Schotterwüste gestalteten und damit ökologisch bedenklichen Vorgarten eines Kirchweyhers. Das gab Abzüge.

Auch Kirchweyhe war attraktiv. Nicht nur für die Störche, die jedes Frühjahr wiederkommen und mit ihren im Sommer geborenen Jungen (in diesem Sommer waren es drei) im August (die Storchentafel notiert als Abflugtermin den 20. August) in ihr Winterquartier aufbrechen. Auch hier entstand ein Neubaugebiet mit der Garantie auf unverbauten Blick auf Buchenwälder und Rübenäcker, die wie lackiert vom Licht der untergehenden Sonne in der Abendstille lägen. Niemand hatte ahnen können, dass nach dem Willen der Bahn nur 200 Meter entfernt in der Zukunft vor dem Panoramafenster ein Zug in Hochgeschwindigkeit vorbeirasen würde und die durch diese Raserei entfachten Luftschwingungen den Tee in der Teetasse erzittern lassen würden.

Und es würde weitergehen mit der Raserei. Denn der Fortschritt, der sich in diesem Großprojekt dadurch definierte, dass der eilige Geschäftsreisende künftig acht Minuten früher als auf der bestehenden Strecke von Hannover nach Hamburg käme, der Fortschritt ist selten zu bremsen. Und er verlangt nach Platz.

Die Trasse würde durch den Stadtwald der Hansestadt Uelzen führen. Durch den städtischen Bestattungswald, auch vor den Toten hatten die Technokraten in Berlin offenbar keinen Respekt. Und weiter ginge es an Krankenhäusern vorbei, einem Alten- und Pflegeheim, in dem die Mutter von Herrn Günther lebte – und gerne lebte, in dieser stillen Abgeschiedenheit, wo nur der Wind in den Bäumen und die Grillen in der Nachmittagshitze ein bisschen Klimpermusik veranstalteten. Die Landschaft, sagte Herr Günther und wies wieder mit großer Geste über das Heimatland, würde vollkommen zerschnitten. Naturschutzgebiete, Obstplantagen, Fischteiche müssten weichen, wobei der Politiker und Hobbyimker Günther auch an seine Bienenvölker dachte, die am Rand eines der Fischteiche Frühling und Sommer verbrachten. Dann fuhr Herr Günter zum psychiatrischen Krankenhaus. Weil in diesem Schreckensszenario ein psychiatrisches Krankenhaus ein noch größeres Empörungspotenzial bietet als ein allgemeines Krankenhaus.

Er stoppte den Wagen, und wir sahen wortlos und fast andächtig auf die im Eierschalenton gehaltenen Außenmauern und die großen verschlossenen Fenster. Diese Menschen brauchen doch besonders viel Ruhe, unterbrach Herr Günther unsere stille Andacht. Und ich dachte an all die Menschen, die in diesem Haus therapiert wurden. An ihre fragilen Seelen, brüchig wie alte Seide.

Wir besuchten den Uelzener Wildtierpark, auch er sollte nach dem Willen der Bahn am Fortschritt teilhaben. Wortlos standen wir wieder einmal da, angesichts der Monstrosität des Bahnvorhabens, und sahen stumm den Wildschweinen zu, wie sie mit ihren borstigen Schnauzen im trockenen Boden wühlten.

Als Vorsitzender der Bürgerinitiative gegen den Trassenwahn hatte Herr Günther einiges auf die Beine gestellt. Im Juli organisierte er eine Menschenkette, 1400 Männer und Frauen säumten die Straße zwischen Wester- und Kirchweyhe. Dann dachte er an ein Mahnfeuer entlang der geplanten Strecke. Aber weil es wochenlang heiß war und nicht geregnet hatte, verzichtete er auf Protestfeuer mit ihrem eindrucksvollen Flammenspiel. Stattdessen bauten die Aktivisten Holzkreuze, mit einer Spannweite von 2,5 Meter, die eine Latte rot, die andere schwarz-weiß schraffiert, und postierten sie, von rotem LED-Licht illuminiert, an der Phantomstrecke. Es war eine spontane Aktion, innerhalb weniger Stunden hatte man 600 Protestierende via Facebook mobilisiert, und selbst der Norddeutsche Rundfunk schickte spontan ein Kamerateam.

All das geschah mit dem Segen der Kirche. In seinem Gemeindebrief fand der Pastor der evangelischen Johannis-und-Georgs-Kirchengemeinde Uelzen mahnende Worte: Es könnte sein, dass wir eines Morgens erwachen und alles anders ist, als wir es kennen. Wir gehen mit dem Hund in den Stadtwald und stehen plötzlich an einer breiten Bahntrasse, auf der Züge in

Rekordtempo durchbrettern. Kein Mensch, kein Tier wird sie überqueren können. Dieses fast 1000 Hektar umfassende Kleinod hat nicht nur Zehntausende Bäume verloren. Sondern auch seine Weitläufigkeit für die Menschen und die Tiere. Es könnte sein ...

Am Montag würde Herr Günther ein Gespräch mit der niedersächsischen Landwirtschaftsministerin führen. Ihr Mitarbeiter hätte ihm fünf Minuten reserviert.

Und so kam der Montag, und die Pendler aus kleinen Orten wie Bienenbüttel pendelten wieder zu den Orten der Wertschöpfung. Die Ferien in Niedersachsen waren zu Ende, und die Kinder trotteten mutlos, wie mir schien, niedergedrückt von der Aussicht, die nächsten Jahre unter der Knute eines staatlichen Erziehungsauftrags verbringen zu müssen und einem viel zu schweren Rucksack, zur Schule.

Die Wochenendgäste reisten ab, zurück nach Schwaben oder nach Brandenburg. Die Hotelwirtin sagte zum Abschied: Kommen Sie gut durch, und dachte vermutlich an all die Staus auf den Autobahnen, die zum Ferienende gehörten. Ach, sagte das Ehepaar aus Schwaben, wir kämpfen uns so durch. Es klang ein wenig, als zögen sie in den Krieg. Als warteten da draußen feindliche Legionen.

Ich musste plötzlich an den ADAC denken. Der ADAC ist eines meiner Lieblingshassobjekte. Der Automobilclub, der, ich glaube, es war in den 1970er-Jahren, als unser aller Verstand noch von einer gewissen Fortschrittsgläubigkeit getrübt war, mit dem Slogan um neue Mitglieder warb: Freie Fahrt für freie Bürger. Oder war das die FDP gewesen? Egal. Die FDP kann ich auch nicht leiden. Damals baute man die autogerechte Stadt und feierte jedes neue Autobahnteilstück als Versprechen auf ungebremste Mobilität.

Ich saß jetzt allein im Frühstücksraum vor meinem Kännchen Ostfriesentee, froh, dass ich nicht reden musste, und blätterte in der Lokalzeitung. Die *Allgemeine Zeitung der Lüneburger Heide* berichtete von einer Fahrraddemonstration am Samstag. Rund 80 Radfahrer hatten den Verkehr auf der Bundesstraße 4 blockiert, die am Ortsrand von Bienenbüttel und dicht an anderen Gemeinden vorbeiführt.

Tja nu, sagte die Wirtin, die Leute bauen Häuser direkt an die B4, und kaum sind sie eingezogen, schreien sie auch schon nach einer Umgehungsstraße. Es schien mir ein grundsätzliches Missverständnis der Städter, zu glauben, dass sie mit ihrem Umzug auf das Land einen Anspruch erwirkten auf unbegrenzte Ruhe. Es gibt Leute, sagte die Wirtin, die sind aus Hamburg nach Bienenbüttel gezogen, und dann beschweren sie sich, dass der Bauer am Sonntag seine Wiese mäht.

Im Hintergrund hörte ich die Stimme eines Mannes, der im Gute-Laune-Tonfall die Morgensendung im Radio moderierte. Fast 45 000 Hamburger, sagte die Stimme, müssen jetzt mit hohen Mietnachforderungen rechnen, weil sie in besseren Zeiten, als die jährliche Inflationsrate nie über zwei Prozent stieg, mit ihrem Vermieter eine Indexmiete vereinbart haben. Bei aktuell acht Prozent Inflation kann sich jeder auch ohne Taschenrechner ausrechnen, was das für ihn bedeutet. Und jetzt Musik: Tanita Tikaram mit *Twist In My sobriety*. Ich hatte dieses Lied nie ganz verstanden, aber ich liebte es in seiner Rätselhaftigkeit. *All God's children need travelling shoes*. Diesen Satz verstehe ich, empfand ihn als wahr und schön in seiner Klarheit, und das Lied machte mich für einen Moment glücklich.

Büsum, Schleswig-Holstein

Auf dem Weg zum Bahnhof kam ich an dem Eiscafé vorbei, an diesem Montagmorgen war es geschlossen, und ich fragte mich, wo all die behelmten Fahrradtouristen jetzt wohl waren.

Ich wollte ans Meer. Als ich in München lebte, hatte es einige Jahre gedauert, bis mir dämmerte, warum ich in dieser Stadt nicht mehr gerne lebte. Es gab dort kein Meer weit und breit. Als Kind hatte ich jeden Sommer mit der Familie an der Nordsee verbracht, bis unser Vater genug hatte von der Kälte, dem Wind und dem ständigen Regen – damals regnete es noch und oft –, und entschied, dass wir im nächsten Jahr nach Italien reisen würden. Am Abend vor jeder Abreise ging ich noch einmal zum Strand, um mich vom Meer zu verabschieden. Das Meer war mein Freund, es war tiefgründig und weise, weil es schon so viel länger existierte als der Mensch. Das Meer, dachte ich, hatte auf alle Fragen eine Antwort. Man musste ihm nur zuhören.

Bald hinter Hamburg beginnt Schleswig-Holstein. Ich sah aus dem Fenster und konnte mich nicht entscheiden, ob dieses weite, flache Land einfach nur schön oder schön, aber auch ein bisschen langweilig war. Hier waren die Kühe weiß-braun gefleckt, und manchmal hatten sie das Glück, den Sommer wieder-käuend auf der Weide liegend verbringen zu können.

Früher leuchtete das Weiß der Kühe. Jetzt hing ihnen der getrocknete Stallmist an den Flanken, weil kein Sommerregen mehr die Tiere reinwaschen würde.

In Hamburg war ich in den Zug Richtung Sylt/Wes-terland gestiegen. Sylt – das war noch immer eine schö-ne Destination, die mit ihren extravaganten Preisen gesellschaftliche Exklusivität garantierte. Der gemei-ne Massentourist blieb gewöhnlich auf dem Festland. Ich wollte nicht nach Westerland fahren, weil Sylt nach all den Stürmen, Fluten und der ständigen Erosion auf der Karte so schmal aussah, dass ich mir nicht vorstel-len konnte, dass dort für mich auch noch Platz wäre.

Im Zug saßen die Urlauber, die immer dann kom-men, wenn die anderen mit ihren schulpflichtigen Kindern abgereist sind. Ein Mann und eine Frau spiel-ten Stadt, Land, Fluss. Sie hatten vor sich auf dem an der Wand befestigten Tischchen ein Blatt Papier ausgebreitet und mit freier Hand vertikale Linien ge-zogen, Kolumnen für die richtigen Antworten auf die Stichworte Stadt, Land, Fluss, Beruf, Obst, Gemüse.

Ich hatte nicht gedacht, dass es noch jemanden gab, der dieses Spiel spielte, das ich als Kind mit meinen Schwestern gespielt hatte an langweiligen Regennach-mittagen.

Ein Land mit N, sagte meine Schwester.

Und ich sagte: Norwegen, Niederlande.

Eine Stadt mit N.

Ich sagte: Nienburg, Nantes.

Ein Fluss.

Nil.

Beruf mit N.

Ich sagte: Nichtstuer.

Das gibt es nicht, das gilt nicht, schrien meine Schwestern im Duett. Und so stritten wir schon wieder.

Ausgerechnet in Heide musste ich umsteigen. Hier hatte ich vor sehr vielen Jahren einmal ein Wochenende verbracht. Es war im Mai, und ein Mann, zehn Jahre älter als die Studentin, die ich damals war, hatte mich vom Bahnhof abgeholt. In den Tagen, die wir zusammen verbrachten, schrieb er wie besessen in sein Tagebuch, das er am Ende des Tages aufgeschlagen auf dem Tisch in seinem Wohnzimmer liegen ließ – auf der Seite, auf der die letzte Notiz des Tages stand. Es war die unausgesprochene Aufforderung, darin zu lesen. Er hatte in diesen drei Tagen alles genau notiert, was ihn an meiner Gestik, meiner Mimik irritiert hatte, was ich gesagt hatte, wie mein Gesicht im Schlaf aussah und dass ich von einer tellergroßen Pizza den trockenen Rand abgeschnitten und auf dem Teller liegen gelassen hatte. Er hatte alles notiert, kommentiert und bewertet. Für die Sache mit dem Pizzarand bekam ich eine sehr schlechte Bewertung. So also, dachte ich, kann man einen Menschen klein und verächtlich machen.

In Heide verpasste ich an diesem Morgen den Anschlusszug nach Büsum und hatte eine Stunde Zeit, über meine Dummheit von damals nachzudenken. Tja nu, sagte ich leise zu mir und zu der stillen holsteinischen Landschaft, auch das habe ich überlebt. Ich setzte mich auf eine Bank, es war genau 13:37 Uhr, wie mir die Bahnhofsuhr verriet, als sich ein ziemlich korpulenter Mann schnaufend auf den Platz neben mir niederfallen ließ.

Hallo, sagte er übertrieben kumpelhaft.

Und ich dachte, weil mir alles Kumpelhafte verdächtig ist: Haben wir schon zusammen Schweine gehütet? Das war ein Zitat aus einer Folge der Krimireihe *Tatort*, so ein Satz würde mir selber nie einfallen.

Der Mann war jung, sehr viel jünger als ich, er trug eine weite Clownshose mit großen Karos in Schwarz und Weiß, ein schwarzes T-Shirt, und eine schwere Silberkette, die eng wie ein Hundehalsband um seinen Hals lag. Die Sonne eines langen Sommers hatte ihm den Nacken verbrannt. Ich hörte Möwengeschrei, und der Wind, der hier immer von Westen kommt, umtänzelte unsere Bank.

Ich geh da mal lieber rein, sagte der junge Mann, der gerade vom Training kam und die Spuren der Verausgabung auf seinem T-Shirt trug, und deutete mit dem Kinn auf einen Glaskasten zehn Meter entfernt von uns.

Doch die Tür des Glaskastens war verschlossen.

Was soll das denn?, sagte er.

Ich hol mir draußen noch sonst was, so verschwitzt wie ich bin.

Tja nu, die Deutsche Bahn kann manchmal sehr nett sein. Wünscht jedem Passagier, kaum ist er eingestiegen und hat vielleicht sogar einen Sitzplatz gefunden, in regelmäßigem Abstand und mit gleichbleibender Freundlichkeit eine angenehme Reise und serviert, sofern man erster Klasse reist, Getränke und Speisen am Platz. Sie kann aber auch ganz schön niederträchtig sein, Türen verschlossen halten und Passagiere der Gefahr einer Lungenentzündung aussetzen.

Jetzt setzte sich der Mann auf die benachbarte Bank neben einen sehr schlanken Jungen, und die beiden unterhielten sich laut und sehr fröhlich in diesem Ey-Digga-was-geht-ab-Slang.

Später im Zug nach Büsum würden die beiden keine Maske tragen. Und ich an den Busfahrer in Glauchau denken, der schon wieder genötigt wäre zu sagen: Halte dich gefälligst an deutsche Gesetze, Mann.

Von Büsum war ich schon enttäuscht, als ich noch keine zehn Minuten in der Stadt war. Das war natürlich meine Schuld. Ich hatte lange, weite Sandstrände erwartet. Ein Meer, das wild und ungezügelt war, mit meterhohen Wellen Badende zu Boden riss und seine schäumende Gischt an Land warf. Aber hier war das Wattenmeer. Zahm und grau und fast regungslos lag es da. Ich stieg die Stufen den Deich hinauf. Der höchste Punkt, las ich auf einer Tafel, hieß Deichkrone. Das hatte ich nicht gewusst, aber ich war ja auch noch nie am Wattenmeer gewesen.

Ich ging die Deichkrone entlang, links von mir lag wie schlafend die graue Nordsee, rechts gleich hinter dem Deich standen dicht an dicht die Ferienapartmenthäuser. Für einen Spaziergang auf dem gepflasterten Weg galt ein strenges Reglement. Radfahrer und Inlineskater waren verboten. Hunde waren an kurzer Leine zu halten, und jeder Gast hatte seinen Gastausweis jeder Zeit für eine Kontrolle bereitzuhalten, um den Nachweis zu erbringen, dass er die Kurtaxe bezahlt hatte. Die meisten Männer und Frauen, die mir bei meinem Spaziergang begegneten, waren alt. Sie mussten entweder mit einer komfortablen Altersversorgung ausgestattet sein, die es ihnen möglich machte, die nicht gerade moderaten Preise für Logis und gelegentliche Restaurantbesuche zu zahlen. Oder sie hatten einen Hausarzt, der dem Menschen zugewandt war und dem Patienten gerne eine Kur in Büsum oder wenigstens zehn Massagen verschrieb.

Im Musikpavillon gleich hinter dem Deich ging

es an diesem Nachmittag sehr beschwingt zu, eine Combo spielte *What a wonderful day*. Ich setzte mich auf eine dieser weiß gestrichenen Bänke, die die Deichkrone säumten, blickte auf das Meer und wartete, dass es sich doch noch bewegen würde. Ein altes Ehepaar näherte sich müden Schrittes der Bank und setzte sich neben mich. Die alte Frau arretierte umständlich ihren Rollator. Sie waren gerade in Büsum angekommen, sie kamen aus Bad Sachsa im Harz, und um auch einmal die Mimik eines fremden Menschen zu kommentieren, würde ich sagen: Er sah aus, als wünschte er sich, er könnte schon morgen nach Bad Sachsa zurückkehren, und zwar ohne seine Frau.

Sie waren schon im Mai für vier Wochen hier gewesen, schwärmte Else, und jetzt lägen fünf wunderbare Wochen vor ihnen, ach die Stille, ach das Meer, ach die Seeluft.

Else – ich finde, keine Frau hat den Namen Else verdient. Er provoziert das Bild einer Frau, die zu Hause immer mit einer Kittelschürze herumläuft und abends mit Lockenwicklern im Haar schlafen geht. Das war nicht fair. Aber vermutlich hatte Else das nie so gesehen.

Günther schwieg und schaute grimmig aufs Meer, als müsste jeden Moment ein Schiff am Horizont auftauchen, das ihn von hier fortbringen würde.

Else schwärmte unterdessen von den Wattwanderungen.

Ach, schwatz doch nicht, Else, grummelte Günther, weil er jetzt auch einmal etwas sagen musste, den Blick unverwandt Richtung Horizont ausgerichtet.

Ach ja, sagte Else, es gibt so nette Wattführer. Und manche machen das auch ehrenamtlich.

Schwatz doch nicht, Else, sagte Günther nun wieder.

Die beiden hatten es nicht leicht miteinander.

Wie es die Natur eines Kur- und Badeortes ist, versammelte sich auch in Büsum viel Kummer. Es war diese Konzentration von Kummer, die Orte wie Büsum manchmal schwer erträglich machen. Auf den Bänken der Deichkrone rückte das Elend der Welt näher zusammen.

Die Frau hatte ich schon von Weitem kommen sehen, wie sie sich auf ihren dicken Beinen an Walking Sticks den Deich hinaufkämpfte und sich schwer seufzend schließlich auf die Bank fallen ließ. Asthma, stöhnte sie, und ich suchte ihre Augen hinter den dunklen Gläsern der Sonnenbrille.

Kommt von der Schilddrüse. Knoten in der Schilddrüse.

Also raus mit dem Gelump.

Wenige Wochen später habe sie Asthma bekommen.

Sie Ärmste, sagte ich und meinte es aufrichtig.

Aber vielleicht helfen die Seeluft, Salz und Jod?, sagte ich.

Zum Glück habe sie ihre Tochter dabei, die ist auch schon 42, sagte sie, wie die Jahre vergehen.

Das konnte ich nur unterschreiben.

Jetzt näherte sich die Tochter, die ihren Hund regelkonform an kurzer Leine auf der Deichkrone spazieren geführt hatte, unserer Bank. Sie schien guter Dinge und ihr Gemüt noch unbeschadet von der Erfahrung einer chronischen Krankheit.

Du kommst aber auch mit jedem ins Gespräch, sagte sie halb fröhlich, halb tadelnd zu ihrer Mutter. Und jetzt brauche sie dringend etwas zu trinken.

Ich sah sie davongehen, ein ungleiches Paar, die eine leichtfüßig, die andere schleppenden Schrittes. Jeder chronisch Kranke ist der Mittelpunkt seines eigenen Universums, dachte ich, und das war kein Zitat. Artensterben, Klimawandel, Kriege und Inflation ereigneten sich in einem anderen Universum, das sehr weit weg war. Es war nicht einfach, Empathie für die vom Aussterben bedrohte Rotbauchunke aufzubringen, wenn man kaum Luft bekam.

In Büsum wurde viel gebaut. Überall ragten die Baukräne in den Himmel, der doch den Möwen und den flüchtigen Wolken gehören sollte. Wäre ich das Meer, dachte ich, würde ich den Menschen nie das Hochhaus verzeihen, das die Stadt an das Ende der Bucht setzen ließ und das man heute, ins Positive gewendet, eine Landmarke nennt. In den alten Zeiten der Gewissheiten überragte der Glockenturm der Dorfkirche das ganze Dorf, und in einem Küstenort überstrahlte das von riesigen Prismen gebrochene Licht des Leuchtturms die sich unter dem Wind duckenden Häuser der Fischer. Das war lange vorbei.

Anfang der 1970er-Jahre konnte ein Hamburger Investor die Stadt überzeugen, dass Hochhäuser die Moderne schlechthin verkörpern und ein Blick aus dem 20. Stock über das Meer und sein Gezeitenspektakel einfach konkurrenzlos war. Ursprünglich war ein Café geplant, um die Kritiker des Vorhabens zu besänftigen und zu demonstrieren, dass der Panoramablick ein öffentliches Gut ist und nicht das Privileg einer gut situierten Käuferschicht aus Hamburg. Aber daraus wurde nichts, weil sich kein Pächter fand. Dass die Büsumer das Hochhaus Büsum-Finger nannten, machte die Sache in meinen Augen nicht besser.

Ich lief durch den Ort und dachte, nostalgisch wie ich bin: Es muss hier einmal schön gewesen sein. Sicher, das Leben war hart gewesen, die Menschen waren arm, das Meer konnte grausam sein, und manchmal nahm es den Fischerfrauen ihre Männer. Die stellten Kerzen in die Fenster, die die ganze Nacht brannten, aber ihre Männer kamen nicht zurück.

Und dann kamen die Touristen und die Investoren. Und sie versprachen Eigentumswohnungen mit Seeblick. Und die Fahrradverleiher kamen und die Souvenirhändler. Und weil ein Wattenmeer dem Touristen kein großes Wellenspektakel bieten kann, baute die Stadt ein Wellenbad mit maschinell erzeugten Wellen für die Familien mit Kindern, die noch über eine robuste körperliche Konstitution verfügen. Die Stadt baute einen Musikpavillon, es gab jetzt jeden Nachmittag Livemusik und eine Frau, ihr Alter ignorierend, tanzte jeden Nachmittag wie berauscht, wirbelte um die eigene Achse, und der kurze Rock flog hoch, bis das Weiß ihrer Unterhose kurz aufblitzte. Das hatte Else gesagt und leise gekichert. Günther hatte dazu nichts gesagt.

Ich erinnerte mich plötzlich an eine Reise durch die Wüsten Namibias, zu der unser Vater meine Schwestern und mich eingeladen hatte. Wir waren den ganzen Tag durch die Wüste gefahren, und am Abend saßen wir auf der Terrasse unserer Lodge, im vielkarätigen Licht der untergehenden Sonne, tranken *sparkling wine* aus Südafrika, und plötzlich rief unser Vater, der angekommen war an dem Ort seiner Sehnsucht: Kinder, ist das Leben nicht schön.

Seitdem suche ich meinen Ort der Sehnsucht.

Büsum, begriff ich, würde es nicht sein. Denn Büsum, das war für mich die maximale Kommerzialisierung von Natur und des in diesen Zeiten der Dekadenz und Umweltzerstörung sich umso stärker artikulierenden Bedürfnisses nach Naturerleben.

Hinter dem Deich gab es das Restaurant Kiek in.

Ich setzte mich auf die Terrasse und bestellte wieder einmal Scholle Finkenwerder Art.

Ich sah eine junge Frau. Sie trug sehr kurze Haare und erinnerte mich an Jean Seberg in dem Filmklassiker *À bout de souffle*. Sie ging so leichtfüßig an der Terrasse vorbei, dass sie fast zu schweben schien. Das war selten hier, diese Leichtigkeit, und es war schön zu sehen.

Ein neuer Morgen kam und damit das Versprechen auf ein unvergessliches Naturerlebnis. Die Sonne glitzerte zwischen den Wolken, es war Ebbe, das Meer hatte sich zurückgezogen. Wir Touristen zogen uns die Schuhe aus, krempelten die Hosen hoch und folgten dem Wattführer ins Watt. Erste dumme Frage der Touristen, fragte der Wattführer und blickte in die Gesichter der Männer und Frauen, die sich im Halbkreis um ihn herum aufgestellt hatten.

Erste dumme Frage: Sind das Würmer?

Wir richteten die Augen auf den freiliegenden Meeresboden und betrachteten interessiert die kleinen Sandkringelhaufen, die dicht an dicht aus dem Boden zu wachsen schienen.

Nun, sagte unser Wattführer, vielleicht kommen Sie selbst auf die Antwort. Wenn der Boden bei Ebbe freiliegt und wir im Sommer 30 Grad im Schatten haben, wird der Boden an der Oberfläche schnell 50 Grad heiß. Im Winter hingegen haben wir schnell mal minus 10 Grad an der Oberfläche. Wie unschwer zu sehen, handelt es sich um Extremsituationen.

Wir dummen Touristen nickten zustimmend. Denn mit extremen Wettersituationen kannten wir uns nicht erst seit diesem Sommer aus. Für den Wattwurm war die Situation offensichtlich noch dramatischer.

Alle sechs Stunden, fuhr unser Wattführer fort, zieht sich das Wasser zurück. Und nach sechs Stunden kommt es wieder. Für den Wurm würde das heißen: Alle sechs Stunden ersäuft er, und sechs Stunden später verdorrt er.

Damit wäre die erste dumme Frage, die die Touristen offenbar jede Saison wieder stellen, beantwortet.

Der Wattwurm, erklärte unser Wattführer, damit wir Touristen nicht ganz so dumm wieder abreisen würden, wie wir gekommen waren, der Wattwurm lebe also ständig unter der Oberfläche, etwa zwei Handbreit tief, was ziemlich schlau von ihm war und im Übrigen ein Gebot des Überlebens. Er lebe dort sein Leben lang in einem Tunnelsystem, und die Kringelhaufen, die der eine interessiert, der unaufgeklärte Tourist, der darin eine Ansammlung von Würmern sah, voller Ekel betrachtete, diese Haufen waren, um es in der Sprache des Bergbaus zu sagen, die Abraumhalden.

An der Oberfläche gab es dennoch jede Menge Leben. Das freute die Kinder, die mit buntem Plastikeimer und Schaufel in der Hand auf Beute aus waren. Hier leben die Wattschnecken, und zwar Tausende auf einem Quadratmeter. Es war kaum zu glauben, und wir dummen Touristen senkten wieder die Köpfe und suchten den Meeresboden nach den tausend Schnecken ab. Wir starrten mit einer solchen Intensität, als würde uns zu unseren nackten Füßen eine Epiphanie offenbar.

Der freundlichste Wattbewohner, vernahmen wir die Stimme unseres Wattführers über unseren Köpfen, ist der Einsiedlerkrebs. Er klopft erst höflich an, wenn er ein Schneckenhaus entdeckt, und fragt, ob jemand zu Hause ist, bevor er das Schneckenhaus bezieht.

Ich schloss den Einsiedlerkrebs sofort in mein Herz, weil ich der Ansicht bin, dass man auch in Zeiten zunehmender Ressourcenknappheit höflich bleiben sollte. Was mir auch nicht immer leicht fiel. Ich dachte an die Diskussionen, die ich mit meiner älteren Schwester geführt hatte, in dem Versuch, sie zu überzeugen, dass man eine bedrohte Art wie den Thunfisch, der uns gewöhnlich nur als Dosenportion begegnet und nie in der Natur in seiner majestätischen Schönheit, nicht länger konsumieren sollte. Und das war die Krux: Ein Stück Thunfischfleisch in einer Metalldose war eher ungeeignet, im Menschen die Saite der Empathie zum Klingen zu bringen.

Aber der Einsiedlerkrebs. Von solchen Wesen hätte

ich an diesem Morgen, barfuß auf dem Grund des Meeres stehend, gerne mehr gehört.

Im Übrigen, sagte unser Führer, kann jeder Tourist bei Niedrigwasser ganz allein und ohne Gefahr Richtung Horizont marschieren, mit Handtuch und Badehose und im niedrigen Priel mit seinem warmen Wasser baden.

Frage in den Halbkreis: Wann hingegen soll der Tourist das Watt meiden?

Antwort: Natürlich bei Gewitter und bei Nebel.

Der Deutsche gehe ja normalerweise schnurstracks auf kürzestem Wege auf sein Ziel los, also zum Priel.

So ist er, der Deutsche, sagte unser Wattführer.

Und schnurstracks findet er auch im Nebel den Weg zurück an Land.

Denkt der Deutsche zumindest.

Aber, so lernten wir an diesem Morgen, auch der gradlinigste Deutsche neigt im Nebel dazu, im Kreis zu gehen.

Übrigens, sagte der Wattführer, ich komme noch einmal zurück auf die mysteriösen Sandkringel. Sehen Sie die großen weißen Vögel, die hier überall herumfliegen und den Touristen gerne auch mal die Eiswaffel aus der Hand reißen?, fragte er.

Das sind keine weißen Tauben, wie Sie vielleicht vermuten. Das sind Möwen, und manche, je nach Krümmungsgrad des Schnabels, Silbermöwen.

Möwen lieben Würmer. Wären diese Kringel tatsächlich Würmer, würden die Möwen in kürzester Zeit so fett, dass sie flugunfähig wären.

Damit wäre die Sache mit den Kringeln abschließend geklärt, und auch unsere Wattwanderung war beendet.

Ach ja, eins noch, rief unser Wattführer uns hinterher: Wenn Sie jetzt an Land in ihren Schuhen laufen und merken, dass ihre Füße wehtun, dann tragen Sie die falschen Schuhe.

Ich ging in den richtigen Schuhen über die Deichkrone, links von mir kam das Meer zurück, und ich sah die Wattwanderer, kleine bewegte Punkte am Horizont, die schnell größer wurden, weil das Meer seinen Raum jetzt für sich reklamierte und die Flut überraschend schnell näher kam.

Ich kam am Musikpavillon vorbei. Eine Drei-Mann-Band aus E-Gitarre, Bass und Schlagzeug erinnerte die in die Jahre gekommenen Daddys und die rotgesichtigen Rentner an alte wilde Zeiten. Das Volk war fröhlich, schließlich war es im Urlaub und alle Sorgen waren beurlaubt, und die Kriege weit weg, und die Sonne tat gut und war nicht das Orakel eines bedrohlichen Klimawandels. Die Männer tranken Dithmarscher Pilsener, die Frauen warmen Weißwein, was ihnen die Stimmung nicht verderben würde. Die Kinder wurden mit Pommes frites besänftigt. Dazu gab es guten alten, grundsoliden Rock von Bachman-Turner Overdrive: *You Ain't Seen Nothing Yet.*

Das wollte ich, wenn ich an diesen Sommer dachte, nicht allzu wörtlich nehmen.

Am nächsten Morgen ging ich allein ins Watt. Lief über den geriffelten Meeresboden, über Sandkringelhaufen und durch warme Wasserpfützen, dachte kurz an den Wattführer und die arme Else. Dann blieb ich stehen und sah lange Richtung Horizont.

Ich stand mit meinen Füßen auf dem Grund der Nordsee, hinter mir unsichtbar die verkorkste Architektur Büsums, vor mir eine Ahnung von Unendlichkeit. Weit hinten glitzerte silbern das Meer. Frau Teichmann kam mir in den Sinn und der kleine Brillant auf ihrem Dekolleté.

Es war der letzte Augusttag.

Ich war fast glücklich.

Und jetzt wollte ich nur noch hören, was der Wind mir zu sagen hatte.

SABINE RIEDEL 1959 geboren, berichtete unter anderem für die *Frankfurter Rundschau* und *Die Zeit* aus den Ländern Ex-Jugoslawiens, Russland und der Ukraine. Später boten ihr viele Jahre die Zeitbilder der *Neuen Zürcher Zeitung* eine publizistische Heimat. Heute schreibt Sabine Riedel für das in der Schweiz erscheinende Magazin *Reportagen*. Ihre Geschichten erzählen dabei oft von Menschen, die nicht im Fokus der Tagesaktualität stehen und leicht in der medialen Berichterstattung übersehen werden.

Der vorliegende Band der Reihe punctum erscheint in Kooperation mit dem Magazin *Reportagen* | reportagen.com

Erste Auflage Berlin 2023

© 2023

MSB Matthes & Seitz Berlin Verlagsgesellschaft mbH
Großbeerenstraße 57A, 10965 Berlin
info@matthes-seitz-berlin.de
Alle Rechte vorbehalten.

UMSCHLAG UND SATZ: Pauline Altmann, Palingen
DRUCK UND BINDUNG: Beltz Grafische Betriebe, Bad Langensalza
ISBN: 978-3-7518-5500-6

www.matthes-seitz-berlin.de

Grosse Reportagen:
Das unabhängige Magazin
für erzählte Gegenwart.
Jetzt gratis probelesen!

shop.reportagen.com/geschenk